宁波传统村落田野调查

本系列图书为

2020年度国家出版基金项目

2016年度宁波市文化创新团队项目

宁波市艺术发展基金支持资助

 你们是传统村落保护的志愿者，我也是志愿者，我们共同努力，把中国传统村落保护好，守护中华民族的乡愁。

冯骥才先生会见宁波市国家级传统村落立档调查志愿者

宁波市国家级传统村落立档调查培训班全体成员

《宁波传统村落田野调查》编委会

总 顾 问	冯骥才
名誉主任	郁伟年
主　　任	杨　劲　王晓勇
副 主 任	施孝峰　周静书　方飞龙　邵方毅
委　　员	邵　斌　王亦建　刘尚才　张　琳
	童银舫　鲁永平　戴余金　王伟军
	陈素君　陈可伟　卢圣贵
主　　编	周静书

宁波传统村落
田野调查
周静书 主编

村

孙常钊 编著

宁波出版社
NINGBO PUBLISHING HOUSE

图书在版编目（CIP）数据

宁波传统村落田野调查. 西岙村 / 孙常钊编著. —宁波：宁波出版社，2020.5
 ISBN 978-7-5526-3648-2

Ⅰ. ①宁… Ⅱ. ①孙… Ⅲ. ①村落－调查报告－宁波 Ⅳ. ①K925.55

中国版本图书馆CIP数据核字（2019）第205189号

宁波传统村落田野调查·西岙村

孙常钊　编著

出版发行　宁波出版社
　　地　　址　宁波市甬江大道1号宁波书城8号楼6楼
　　邮　　编　315040
　　联系电话　0574-87259609
　　网　　址　http://www.nbcbs.com
策划编辑　袁志坚
责任编辑　朱璐艳
封面设计　马　力
内页排版　金字斋
责任校对　徐　敏
责任印制　陈　钰
印　　刷　宁波白云印刷有限公司
开　　本　787毫米×1092毫米　1/16
印　　张　14.25
字　　数　240千
版　　次　2020年5月第1版
印　　次　2020年5月第1次印刷
标准书号　ISBN 978-7-5526-3648-2
定　　价　80.00元

本书若有倒装缺页影响阅读，请与出版社联系调换，电话：0574-87248279

序

周静书

  中国传统村落,是中华民族一份宝贵的文化财富,是中华优秀传统文化的重要体现。2012年,在冯骥才先生的倡导下,国务院决定推进传统村落的保护,由住建部等部门负责,评审公布中国传统村落保护名录。2014年,冯骥才先生以文化大家的先知卓见,亲力亲为,领导中国民间文艺家协会启动了中国传统村落立档调查工作。这是一项具有开创性的重大文化工程。宁波市民间文艺家协会积极响应,在2015年做出规划,用三年左右时间,完成宁波市第1至第3批18个国家级传统村落立档调查工作。2016年,我们对参加立档调查的骨干进行了集中培训,恰逢中国传统村落保护(鸣鹤)国际高峰论坛在宁波慈溪举行。冯骥才先生在鸣鹤古镇与参训人员见面,并满腔热情地鼓励:"你们是传统村落保护的志愿者,我也是志愿者,我们共同努力,把中国传统村落保护好,守护中华民族的乡愁。"这给宁波的民间文艺家以极大的鼓励。由此,我们形成了由50多位骨干,共100多人参与的立档调查团队。宁波市委宣传部、宁波市文联十分关心和重视,积极推荐，宁波市委办公厅下发文件，将传统村落立档调查团队列入2016年宁波市文化创新团队，给予重点支持。

传统村落的保护，不仅要保护大量的传统建筑和自然生态环境，更重要的是守护传统村落的文化灵魂，延续传统村落的文化血脉。传统村落保护是一项系统的工程，是一个完整的体系。传统建筑和自然环境是它物质性的有形文化符号，而真正代表传统村落精髓的是以非物质文化遗产为主体的民间文化。如果说建筑类的文化遗产是传统村落的躯壳，那么民间文化则是传统村落的灵魂，而且很多民间文化在当代社会中仍有重要的史料价值和现实意义。完整的传统村落形态，不仅包括古民居、庙宇、宗祠、古桥、古树等丰富的物质文化遗产，同时还应包括各种生产生活民俗、民间信仰、民间文学、手传民间技艺等非物质文化遗产。建立科学完备的传统村落档案，使传统村落的文档成为记录完整的地域建筑史、民情生存史和传统文化史的资料，从而为今后传统村落研究、保护和发展提供可靠的依据。正因为如此，传统村落的保护理当是整体性的保护，传统村落的物质资源和精神资源不能互相割裂。失去了精神层面的民间文化，就如切断了文化的血脉，传统村落徒有躯壳，就没有生命的活力。

民间文化是在漫长的农耕时代里积淀形成的文化遗产。村落建筑中存在着传统技艺等非物质文化遗产，民众生产生活中遗存着大量的民间信仰、民间风俗、民间故事、农谚歌谣、俗语老话甚至地名文化、土特产制作技艺等民间文化。许多民间文化是在与之相适应的文化土壤中产生和存在的。如对于所在村落的山、水，当地人会寄托美好的愿景，赋予它灵气，因而口耳相传着美丽的民间故事和歌谣，千百年不息地传承。俗话说"一方水土养一方人""十里不同风，百里不同俗"，每个传统村落都具有它独特的个性,这与它的自然环境、生活族群的历史变迁有密切的关系。每个传统村落的独特的民间信仰、民间风俗,以至民间传说、歌谣、谚语、谜语、老话、生产技艺等,组成了绚丽多彩的民俗风情画卷。它既彰显中华民族文化的共性,又体现一乡一村的个性。这种民间文化拥有它原初的特性和独有的文化意义,扎根于它生存的土壤。它直接表达了传统村落的精神特质,是村落的灵魂所在。多姿多彩的传统村落之所以至今仍魅力四射,正是因为它们各自蕴藏着丰厚独特的民间文化。今天对传统村落保护的文化战略意义,就在于为千姿百态的民间文化留住生存空间,让它们有效地传承下去,从根本上保护这些古村落形态的整体性和文化的延续性。

对于传统村落民间文化的抢救工作,民间文艺界和知识界理应率先行动,形成文化自觉,敢于担当,对历史和民族负责。面对浩如烟海的民间文化珍藏,我们本次田野调查期间,团队全体人员下沉到民间去,深入田野间,深挖细掘,逐一记录梳理,精心搜集,细心整理民间文化中各种类型、各种民俗事象,尽可能全面、真实、客观、准确,形成系统科学的文献档案资料。特别是诸位主创,遍访中老年原住村民,不厌其烦,反复追寻,不疏不漏,对年岁特别大的村民进行抢救性口述记录。我们深知错过了重要的知情人、见证人,就错过了历史,有些文化信息可能会从此湮没、消失。我们在这次田野调查中,历尽艰辛,不仅遍访村中的长住居民,而且对迁居到邻村、城镇,甚至远走他乡的村民也进行追踪调查采录,这着实是抢救性的工程,当我们整理定稿出版时,有些当年被采访的老人已驾鹤西去,真乃"时不我待"啊!

民间文化的丰富性体现在传统村落里,民间文化的精华扎根于传统村落里，民间文化的多样性显示在传统村落里，民间文化的独特魅力展现在传统村落里。只有抢救保护好民间文化，传统村落的保护工作才能达到科学完美的目标。只有坚持物质文化遗产保护与非物质文化遗产保护有机结合，才能实现建筑特质、风土人情、传统习俗、传统技艺等的合理利用，活态传承。只有保护利用好民间文化，传统村落的可持续发展才能有更旺盛的生命力和感召力，才能更有效地推进传统村落的美丽乡村建设科学发展。

2018年，中共中央、国务院印发了《乡村振兴战略规划（2018—2022年）》，在《弘扬中华优秀传统文化》中明确提出："实施农耕文化传承保护工程，深入挖掘农耕文化中蕴含的优秀思想观念、人文精神、道德规范，充分发挥其在凝聚人心、教化群众、淳化民风中的重要作用。"传统村落的田野调查，正是农耕文化传承保护工程的必要和重要的一环。我们希望这18部《宁波传统村落田野调查》能为传统村落保护和发展，为乡村文化振兴和民间文化传承，提供有力支撑。为宁波文化强市建设展示优秀传统文化魅力，同时能推动更多珍贵的传统村落进行抢救性立档调查，以守护乡村的文化灵魂，延续乡土的文化血脉，强盛城市的文化根基，为乡村振兴和美丽中国建设做出新贡献。

戊戌酷暑于董山古村

目　录

调查实录

中国传统村落立档调查（文字）归档表 …… 003
一、村落风貌 …… 007
　（一）地理位置 …… 009
　（二）历史沿革 …… 009
　（三）民居布局 …… 011
二、自然生态 …… 013
　（一）山水特色 …… 015
　（二）古树名木 …… 016
　（三）植物资源 …… 017
　（四）动物资源 …… 018
三、生产生活 …… 019
　（一）农业种植 …… 021
　（二）讨小海 …… 022
　（三）其他行业 …… 031
　（四）文化教育 …… 031
　（五）衣食住用 …… 032
四、物质文化遗产 …… 035
　（一）民居古迹 …… 037
　（二）寺庙、宗祠 …… 037
　（三）南宋古墓 …… 041
　（四）七道圣旨 …… 042

（五）古桥　　043
　　（六）古石碾　　045
　　（七）古井　　047
　　（八）古码头　　047
　　（九）古驿道　　048
五、非物质文化遗产　　049
　　（一）工艺技艺　　051
　　（二）民俗风情　　052
　　（三）民间文学　　059
　　（四）宗姓家谱　　085
六、诗文选录　　091
　　（一）景色诗　　093
　　（二）题赠诗　　096
　　（三）其他　　098
七、乡贤名士　　101

图片档案

中国传统村落立档调查（图片）归档表　　117
A 村落面貌　　127
B 历史见证　　147
C 物质文化遗产　　159
D 非物质文化遗产　　185
E 民俗生活　　190
F 生产方式　　195
G 人物　　206
H 现状　　210

附录：国家级传统村落西岙村立档调查人员名录　　214

调查实录

一
二
三
四
五
六
七

—— 村落风貌

—— 自然生态

—— 生产生活

—— 物质文化遗产

—— 非物质文化遗产

—— 诗文选录

—— 乡贤名士

中国传统村落立档调查（文字）归档表

村落名称：西岙村
所属省市乡（镇）：浙江省宁波市宁海县长街镇
名录批次：第二批
调查时间：2015年9月
调查者：孙常钊、戴余金
登记时间：2018年5月

编号	分项	内容	备注
1	年代	初建于北宋初年，距今1000余年	—
2	形成原因	移民	—
3	类型	濒海丘陵	—
4	地质	玄武岩为主	—
5	自然面貌	位于宁海县东部，长街镇北部。东邻象山县。村庄呈不规则的高筒靴形状，靴尖朝西，靴底下则是如含苞待放的荷花一样的车岙港水库。村落坐落于三面环山一面临水的小盆地中。村中主要水系为大坑溪，发源于村北海拔395.5米的白岩山，贯穿村子南北。村中街巷纵横，周围一带土地肥沃。	—
6	民族	汉族	—
7	姓氏	南宋时，有陈、郑、周、王、蒋、穆、姚、林、金、祝、阮、蔡、叶、程、顾、赖十六个主要姓氏。后来，西岙村陆续有氏族迁进迁出，但是迁出的比较多。其中，郑氏族人主要迁往宁海城关上隍畈和妙山村，周氏族人主要迁往象山茅洋周家村，王氏族人主要迁往奉化，只有陈氏族人大多数留守在西岙村。到21世纪，90%以上的住户为陈姓，其他姓氏大多因婚嫁等原因迁入。	—

续表

编号	分项	内容	备注
8	人口	2017年调查，有住户336户，户籍人口1114人，常住人口649人	—
9	生产	以农业为主。其他产业有手工业、水产养殖业等。主要农作物有水稻、土豆、西瓜、杨梅、枇杷、柑橘等。常年饲养有少量牛、羊、鸡、鸭、猪等家畜家禽。1952年车岙港水库建成前，村民以渔业生产为主，农业种植为次。	—
10	历史见证物	族谱：《西洲陈氏族谱》 石碾：共四组。位于村南、村北 古树：五百年以上的古树名木有十七棵 匾额：四姓祠堂有皇帝圣旨匾、四大名宗匾 古桥：三座宋代原真性石拱桥（惠德桥、祠堂桥、寺前桥），都架设在大坑溪上 南宋古墓：位于村北 宋代石鼓：位于四姓祠堂 宋代铜印：集福寺收藏 七道圣旨：抄录于《西洲陈氏族谱》中	—
11	物质文化遗产	古民居：大街道地、蒋家道地、踏道头道地、文纬公故居等 古祠庙：四姓祠堂、集福寺、水珠岩庙、大成殿、沙头庙、羊祜殿等 古桥梁：惠德桥、祠堂桥、寺前桥 南宋古墓：位于村北 古井：晋代、宋代、明代古井各一口 古石碾：共四组，位于村南、村北	—
12	非物质文化遗产	讨小海，行大龙，正月、七月、十月不嫁娶，喜日新郎坐首席	—
13	自然遗产	白岩山、车岙港水库、大岭水库、大湾水库、东坑水库、大坑溪	—
14	现状	2017年制定了《宁海县长街镇西岙古村落规划》，获得宁海县规划局批准。	—
15	村落简介	西岙村位于宁海县城东约30千米，长街镇东北约6.5千米，是宁海乃至浙东最古老的村庄之一。位于三门湾北缘，因村子坐落在长街镇三门湾车岙港之西，因而古时称"西洲"，今则称西岙。这是一个山明水秀，人杰地灵，历代文人辈出，有着丰厚的历史文化积淀的千年古村。 西岙古村初建于北宋初年。据《西洲陈氏族谱》记载，陈氏始祖陈怀琪自宋真宗年间自闽之长溪迁于西岙；又据城关上隍畈《郑	—

续表

编号	分项	内容	备注
15	村落简介	氏宗谱》记载，郑居中在宋徽宗年间由福建迁至西岙。此二人成为西岙陈氏和郑氏宗族的始祖。 　　西岙村鼎盛于南宋时期。当时的西岙已颇具名声，许多名人名士都慕名迁往西岙或西岙周边定居，被誉为"盛朝浙右无双族，大宋江南第一家"。相传南宋时期西岙有1000多户人家，居住有陈、郑、周、王、蒋、穆、姚、林、金、祝、阮、蔡、叶、程、顾、赖十六大姓，村里大街和西山下仅打铜店就有36家。自陈氏八世祖廷芬公（字邦秀）登绍兴戊辰进士第后，其三弟廷兰（字邦玉）、四弟廷芝（字邦茂）相继登进士第。宋时有诗云："父御史、子御史，父子三御史；兄进士、弟进士，兄弟四进士"。还有"三十六位在京官，三斗三升芝麻官"之说。 　　此后元、明、清各代人才辈出。据族谱记载，西岙历代共出过进士12名，其中陈姓占9名。 　　有人总结西岙独一无二的古迹遗存，统称为"九加一"，即一座晋寺、二穴古墓、三座宋桥、四姓祠堂、五盘碾子、六大古树、七道圣旨、八处景观、九龙抢珠，外加"正月十八夜行大龙"。晋寺即建于后晋时期的集福寺。古墓指集福寺前的宋代古墓，还有一穴明代古墓。三座宋桥指惠德桥、祠堂桥和寺前桥，都是原真性的宋代古桥。四姓祠堂指四姓合一的祠堂。"正月十八夜行大龙"是西岙沿袭700多年的古老习俗。一条青色、一条黄色的"西岙游龙"，分别长39米、32米，由近100名体魄健壮者抬着游走，引上万人观看。 　　《西洲陈氏族谱》记载的八景诗为："甲峰插汉、鞍山积雪、曲水流香、石桥钓月、官山晓日、古寺晚钟、白岩归樵、白石吞波"。在民间传颂着的八处景观是：古码头、更衣亭、缸盖岩、仙人棋盘、仙人喝水、麦裹岩、蛤蜊岩、后洞。 　　西岙村坐落在小盆地上，三面环山，一面临水。村中街巷纵横，绿树成荫。大坑溪发源于长街镇第一高峰白岩山，由北向南穿村而过，注入南面的车岙港水库。车岙港水库于1952年建成，至今仍有古码头遗址，通至三门湾北部海域。西岙周围一带土地肥沃，是宜居之地。 　　当年的西岙，因为地处车岙港交通要冲而车水马龙，市场繁荣，贸易频繁，商铺林立，经济发达，人丁兴旺。后来因环境变化、人多地少、港口淤积等原因，西岙村逐渐失去了优势，人口也逐渐减少。清初实行"迁海令"，给西岙村以毁灭性的打击。古代的房屋等地面建筑损坏严重，只有宋代的桥梁还保存得比较完整。据2017年调查，村内现有住户336户，户籍人口1114人，常住人	—

续表

编号	分项	内容	备注
15	村落简介	口649人。其中90%以上是陈氏一族,其他各氏族大多迁移到外地。 　　如今走进西岙村,令人印象最深刻的当属扑面而来的古风遗韵。村庄动静、刚柔、阴阳融合,蕴涵天机。现存建筑的布局、形制以及整个村落选址的自然理念和风水理念,都展现了古代匠师和当时人们的审美理念、心理特点及价值取向,为研究当时社会的民俗学、风水学、环境生态学以及四姓的家族史提供了重要的历史依据。 　　2013年8月,西岙村入选第二批中国传统古村落名录。"正月十八夜行大龙",于2010年被列入宁波市非物质文化遗产名录,2012年被列入浙江省非物质文化遗产名录。西岙南宋古墓于1982年12月被公布为宁海县重点文物保护单位。西岙南宋石拱桥于2005年3月被公布为浙江省重点文物保护单位。西岙石碾于2012年3月被公布为宁海县重点文物保护单位。2017年1月13日,包括西岙四座石碾在内的宁海石碾群被列入第七批浙江省文物保护单位。 　　自2010年以来,各级政府陆续投入资金对村内古建筑进行保护和修复,但古村的保护与开发仍然存在一些问题:一是大部分古建筑年久失修,保护不力;二是新建筑与老建筑风格不统一;三是配套设施不够完善。抢救开发古村历史遗存,打造一个集原生态与独特文化气质于一体的千年古村,成为今天西岙人心头的一份沉甸甸的责任。	—
16	其他	—	—

宁波传统村落田野调查·西岙村

一 村落风貌

（一）地理位置

西岙村位于宁海县东部，现属长街镇。距宁海中心城区约 30 千米，位于长街镇东北方向约 6.5 千米处。东面与车岙村相连，南面以车岙港水库大坝为界与团屿村相接，西面与长坑村相邻，北面以白岩山为界与象山交界。村庄海拔 26 米，位于北纬 29 度，东经 121 度。村域面积近 6 平方千米，其中村庄占地面积约 350 亩。自然风光优美，山清水秀，生态环境良好。

西岙村四季分明，年平均气温 15℃，年平均降水量约 1655 毫米，无霜期约 235 天，结冰日约 10 天，属亚热带季风气候。土壤以红黄土为主，山域植被茂盛，以杂木林为主。

古代的西岙村交通发达。村南的车岙港像一枝含苞待放的荷花插入内陆。宽阔的三门湾海域通过长约 10 千米的水道在到达西岙村前时突然变得宽阔起来，从两三百米宽的港道突然变为宽三四千米、长四五千米的海域。因此在古代，这里一直是良好的避风港湾、著名的出海码头。随着岁月的变迁，港口泥沙淤积，新港口慢慢外移，交通渐渐变得不便，西岙渐渐闭塞。

西岙村三面环山，陆路交通极为不便。20 世纪 70 年代开始，有机耕路可供通行。20 世纪 80 年代开始有班车通行。1952 年车岙港水库建成后，只能由陆路翻山越岭外出。进入 21 世纪后，国家提出"村村通公路"，建造了通往西岙的水泥公路，增加了班车车次，陆路交通方便起来。一条从胡陈乡到长街镇的公路经过西岙村口，连接 404 县道线、泗长线等，可以直接通往胡陈乡、长街镇、宁海城关、象山县等地。

（二）历史沿革

西岙村是长街镇现有史料可考的最早的村落，也是宁海乃至浙东地区最古老的村庄之一。初建于北宋初年，建村已有千余年历史。因村子坐落在长街镇三门湾车岙港之西，因而古时称"西洲"。清光绪《宁海县志》记载，西岙属于东乡上段辖区。清宣统二年（1910）属于长亭镇辖区。民国二十一年（1932）属于宁海县第二区（驻长街）辖区。民国二十四年（1935）属于长亭镇辖区。1951年属长亭乡。1958年宁海县与象山县合并，西岙村属于象山县长街人民公社。1961年7月属于宁海县长亭公社。1981年长亭公社改名为长街公社。1983年改社为乡，西岙村属于长街乡。1984年属于长街镇，至今。

南宋《嘉定赤城志》记载，村北白岩山下的集福寺始建于后晋（936—947）时期，据传王德安曾结庐于此，盖税场故址也。后周广顺元年（951）赐名保福，宋治平三年（1066）改为现名。税场印证了当时西岙村的繁盛。

据当地《西洲陈氏族谱》记载：陈怀琪于"宋初真宗时（998—1022）自闽之长溪迁于"；城关镇上隍畈《郑氏宗谱》记载：远祖郑居中于宋徽宗时（1101—1125）由福建迁于西岙。后来郑氏子孙一支又迁往城关。此二人成为西岙村陈姓和郑姓的始祖。至南宋，村内有1000多户，主要有16大姓，分别是陈、郑、周、王、蒋、穆、姚、林、金、祝、阮、蔡、叶、程、顾、赖。至今，当地村民仍然沿用着"林家""蔡家""林家园""蒋家湾""上蒋"等地名。后来，西岙村陆续有氏族迁进迁出，以迁出的占多。其中郑氏族人主要迁往宁海城关上隍畈和竹林妙山村、象山县茅洋乡南充村，周氏族人主要迁往象山县茅洋乡溪口村和小白岩村，王氏族人主要迁往奉化，只有陈氏族人大多留守在西岙村。到21世纪，西岙村90%以上的姓氏为陈姓，其他姓氏大多因婚嫁等原因迁入。据2017年调查，现有住户336户，户籍人口1114人，常住人口649人。

西岙村历史悠久，有丰厚的历史积淀。有人总结西岙独一无二的古迹遗存，统称为"九加一"，即一座晋寺，二穴古墓，三座宋桥，四姓祠堂，五盘碾子，六大古树，七道圣旨，八处景观，九龙抢珠，外加"正月十八夜行大龙"。

西岙村人杰地灵，历代人才辈出，一共出过进士12人，其中陈姓占9人。南宋时，出进士8人，出丞相1人。自陈氏八世祖廷芬公登进士第后，其三弟陈廷兰、四弟陈廷芝相继登进士第。宋代有诗云："父御史、子御史，父子三御史；兄进士、弟进士，兄弟四进士"。并有"三十六位在京官，三斗三升芝麻官"之说。叶梦鼎，原名陈吉甫，官拜南宋右丞相，乃西岙陈氏第十世祖。西岙陈氏被誉为"盛朝浙右无双族，大宋江南第一家"。至今村里还留存着皇家赐匾。

南宋以后，西岙村逐渐淡出历史舞台，人口逐渐减少，重要人物也逐渐减少。

（三）民居布局

西岙村，是处于山水田园之间的古村。山地之间的自然原始地貌保存完整，村庄与自然山水、田园风光融为一体，构成了一幅颇具乡野情趣的田园风光图景。建筑物布局灵活巧妙地结合地形，依山就势，错落有致，古朴自然，与竹林古木互相映衬，与自然山水和田园风光浑然一体，充满山水田园的幽静闲适。

西岙村总体形状如高筒靴，靴尖朝西，靴底下则是如含苞待放的荷花一样的车岙港水库。远处群峰环抱，近处梯田环绕，依山就势，由西北向东南渐低。村落东北面是东坑水库，南面是车岙港水库，西北面是大岭水库，北面是南宋古墓、集福寺。村域内的主要水系大坑溪发源于村北的白岩山，全长3.5千米，自北向南贯穿全村。溪上有三座宋代原真性石拱桥，它们把被大坑溪一分为二的村庄紧紧地联系在一起。大坑溪往南注入车岙港水库，水质清澈，水量充沛，是西岙村的生活和生产水源。

车岙港水库，原是三门湾海域的水道。该水道长约10千米，形状颇为奇特，犹如一枝含苞待放的荷花插入内陆。因海港阻隔，古代的西岙村成为宁海通往象山的要冲，水路畅通，出入方便，周围土地肥沃，是古人择居之佳地。

一直以来，西岙村流传着九龙抢珠的故事，九条龙分别为大肚龙（集福寺北）、伏地龙（大塘里壁）、盘龙（里庵柏树脚）、卷岗龙（香山嘴头）、啸天龙（东坑山）、出洞龙（东坑）、喷水白龙（大岭脚）、斗水青龙（排门前地）、出海龙（缸盖岩），珠指龙珠山。因此人们认为西岙村乃难得的风水宝地。

《西洲陈氏族谱》记载的八景诗为："甲峰插汉、鞍山积雪、曲水流香、石桥钓月、官山晓日、古寺晚钟、白岩归樵、白石吞波。"民间传颂着的八处景观则是：古码头、更衣亭、缸盖岩、仙人棋盘、仙人喝水、麦裹岩、蛤蜊岩、后洞。整个村子坐落在小盆地上，村中街巷纵横，绿树成荫，村民在百年老树下悠然自得；村庄周边果树环绕，几座山丘此起彼伏，村东边是水田和旱地。

西岙村有1000多年的历史。多年来，依靠老百姓的自觉保护，原有的古代桥梁等建筑、古木奇树群等植物基本保存完好，但是古代房屋建筑留存下来较少，大多已残破不堪。

西畚村内有两条主要街巷，以"丁"字形交会。纵向的主道连接南北，水泥路面宽阔平坦，紧靠大坑溪，与大坑溪平行，也与古代的主要道路"大街"平行；南起村口太平桥，经惠德桥，从中间穿过西畚村，直通村北集福寺。横向的主道位于村庄西南部，呈东西方向。

村内的主要古道叫"大街"，呈南北方向，与大坑溪平行，是全部用鹅卵石砌筑的石子路，向南经惠德桥，直通车畚港，向北直通古有的主村口。古代的主村口在村北，至今还留着当年的两根牌楼石柱，十分高大粗壮。出主村口有三条古道，向北的一条经过水珠岩庙、南宋古墓，到集福寺；向西的一条，过大坑溪、长坑岭，到宁海城关；向南的一条，通九江村。

宁波传统村落田野调查·西岙村

二 自然生态

（一）山水特色

西岙村坐北朝南，北高南低。东、西、北三面环山，南面临水。村内地势平坦，是个三面环山的小盆地。境内山清水秀，气候宜人，兼得山海之利，有着良好的自然环境。村东有香山、王家岭，村西有九冈山、山洋岭、白石山、缸盖岩、乌子尖、大湾山、大岭，村北的白岩山，是长街镇第一高峰。

1. 白岩山

宁海县与象山县的界山，位于西岙村北部，海拔395.5米，是长街镇第一高峰，位于长街镇北部。白岩山是西岙村的主要水系大坑溪的发源地。

2. 车岙港水库

1952年建成，是宁海县最早建成的县属中型水库。集雨面积13平方千米，总库容1337.3万立方米，配套工程有长山翻水站。车岙港原通三门湾的海港，港腰连接长亭港，通胡陈港。1951年3月，在今长街镇合宁村与伍山乡下湾塘村间的车岙港堵港筑坝，1952年10月竣工。堤坝长341米，高20米，顶宽5米。随后堵断车岙港与三门湾的通航。1955年12月，又在车岙港水库上游车岙村山洋岭脚梅岙塘兴建水库，于长街镇九江村东与岳井乡团屿村之间建筑堤坝。堤坝长1547米，高4.5米。车岙港水库沿岸轮廓曲折多变，湖面开阔。库区内有水产养殖场和鱼种繁殖场。库区三面环山，山体的植被覆盖率在95%左右，水库旁有一些柑橘园，水库坝下为水田。库区内有不少小岛，其中一个较大，岛上植被茂密。

3. 大岭水库

建于1960年，位于村西北大岭山。库容3万立方米，集雨面积0.25平方千米。

地理坐标：北纬 29.3 度，东经 121.72 度。

4. 大湾水库

建于 1960 年，位于村西大湾山。库容 1.5 万立方米，集雨面积 0.16 平方千米。地理坐标：北纬 29.3 度，东经 121.70 度。

5. 东坑水库

位于村东北面，总库容 1.4 万立方米，集雨面积 0.26 平方千米。溢洪道控制段堰顶宽度 5 米，最大坝高 4.96 米，最大过水深度 1.47 米。

6. 大坑溪

西岙村内主要水系。此溪自北向南穿过整个村庄，注入车岙港水库。长 3.5 千米，流域面积 4.75 平方千米，是西岙村主要生活、生产水源。三座南宋时期的原真性石拱桥都架在这条溪上，自南向北分别为寺前桥、祠堂桥、惠德桥，此外，还有位于最南面的太平桥。汇入大坑溪的小支流有东坑溪、庙坑溪、陈家坑溪、西坑溪等。整个流域有山塘水库十余座，分别为大岭水库，大湾水库，长庚山上、下水库，西坑湾水库，东坑上、下水库，白岩山水库，香山水库，寺前山水库，龙潭坑上、下水库等。

（二）古树名木

西岙村及周边现有国家重点保护古树名木 33 棵，数量之多，实属罕见。其中位于集福寺东北面的 1200 多年树龄的古圆柏为宁海县古圆柏树龄之最，其根似蟒蛇，盘缠交错，历经千年风霜仍郁郁葱葱，枝繁叶茂，彰显着顽强的生命力，见证着西岙村的沧桑历程。树龄 600 多年的半边老槐树，树枝如苍龙驾云。

西岙全村范围内共有500年以上树龄古树17棵,其中圆柏9棵、樟树6棵、槐树1棵、柞木1棵。具体列举如下:

序号	树种	小地名	树龄（年）	保护级别（级）	树高（米）	胸围（厘米）	平均冠幅（米）
1	圆柏	里庵	1210	1	6	220	3
2	圆柏	里庵	1010	1	12	340	8
3	圆柏	集福寺	1010	1	10	230	6
4	圆柏	集福寺	1010	1	10	210	6
5	圆柏	松树山脚	1000	1	8	215	7
6	樟树	大坑	810	1	17	430	20
7	圆柏	竹坑	810	1	8	240	9
8	圆柏	长岩头里	800	1	11	300	8
9	樟树	后门山顶	710	1	18	460	11
10	樟树	后门山顶	710	1	14	320	11
11	樟树	后门山顶	710	1	14	490	17
12	樟树	后门山顶	710	1	18	512	18
13	樟树	角山	710	1	21	360	19
14	圆柏	花坟	710	1	8	450	10
15	圆柏	外庙	610	1	6	220	5
16	柞木	外庙	610	1	7	180	6
17	槐树	西岙村后	610	1	3	200	4

（三）植物资源

西岙村地处亚热带季风区,全年雨量充沛。山林面积比较大,野生植物品种极为丰富。20世纪末以前,山上以杂木林为主,大多作薪柴用,乔木则用作建筑材料。21世纪以来,村民普遍使用液化石油气作为家庭生活燃料,薪柴不再作为主要燃料。

主要树种有刺杉、马尾松、柏树、银杏、杨柳、板栗树、桑树、枫香树、香樟树、木荷、楠树、梓树、油茶树、茶树、野山楂、檵木等。中草药资源有益母草、紫苏、艾草、白毛夏枯草、千里光、九里香、红丁香、金银花、五爪金龙、紫花地丁、土元胡、金樱子、何首乌、麦冬、半夏等。花卉有杜鹃花、月季、茉莉花、菊花、兰花等。蕨类植物众多。

农作物品种有很多。粮食作物主要有水稻、玉米、黄豆、洋芋、番薯、蚕豆、大麦、小麦等。蔬菜作物主要有萝卜、白菜、芹菜、韭菜、蒜、葱、南瓜、菜瓜、莴笋、黄花菜、黄瓜、西红柿、香菜、花生等。果类作物主要有杨梅、枇杷、西瓜、柑橘、金橘、青梅、梨、桃、李子、樱桃、橙等。

过去，农作物种子都是农民自己选留的。现在，由于经济发展、商业发达，村民大量引种或嫁接外来的新品种。新品种大多产量高，品质好，抗病虫害能力强，价格也不高。如今，由自留种子培育成的传统农作物大量减少。

（四）动物资源

西岙村的野生动物资源也很丰富。哺乳类主要有角鹿、野猪、松鼠、野兔、刺猬、豪猪、穿山甲、蝙蝠、猪獾、黄鼠狼等。爬行类主要有五步蛇、蝮蛇、锦蛇、草蜥、乌梢蛇、水蛇、龟、鳖等。鸟类主要有喜鹊、乌鸦、画眉、八哥、麻雀、家燕、啄木鸟、山鸡、白鹭等。两栖类主要有青蛙、癞蛤蟆、山蛙等。昆虫类主要有蜜蜂、菜粉蝶、蟋蟀、牛虻等。鱼类主要有鲤鱼、草鱼、鲢鱼、鳙鱼、鲫鱼、白鱼、泥鳅、河鳗、鲇鱼、黄鳝、黑鱼等。

家养的动物主要有水牛、黄牛、猪、狗、山羊、猫、鸡、鸭、鹅、兔等。

近年来，由于经济发达、交通方便，西岙村的农业机械化程度越来越高，专业化程度也越来越高，加上购物方便，村民自养的家禽、家畜数量大大减少。因为村南的车岙港水库已经成为长街镇的重要水源地，出于环境保护等原因，家猪已经不允许养殖；水牛、黄牛作为农田劳力补充，只允许少量养殖；猫、狗、山羊、鸡、鸭、鹅、兔等也只允许少量养殖。

宁波传统村落田野调查·西岙村

三 生产生活

西岙村山多田少。1952年车岙港水库建成之前，村民大多以海洋捕捞、海洋运输为生。车岙港水库建成后，政府划拨了200亩旱地作为补偿。此后，西岙村的生产转为以种植业为主，还有少量水产养殖业、手工业及其他副业。

（一）农业种植

主要农作物是水稻，还大量种植番薯、土豆、玉米、高粱、荞麦、蚕豆、黄豆，少量种植花生、南瓜、冬瓜、丝瓜、芋艿、青菜、大白菜、豌豆、带豆、芝麻、蕉藕、西瓜、黄瓜、菜瓜、桃子、梨、银杏、茭白、柑橘、枇杷、杨梅、青梅等。因为粮食种植面积不足、产量低，蔬菜和水果的种植面积不大，冬季，农田里还要播种绿肥作物紫云英（当地称为草子）。紫云英的嫩叶可以作为春荒时的蔬菜。山丘上主要种植松树、杉树等，还有毛竹、黄杆竹、鳗竹等，同时可以放养牛、羊等家畜。

改革开放后，经济作物种植面积大量增加。据2010年《长街镇志》记载，西岙村现有耕地823亩，其中水田543亩，旱地280亩。另有果园257亩，山林6404亩。经济作物杨梅约1500亩，白枇杷约300亩，柑橘约300亩，还有少量青梅、茶叶、红豆杉、苦丁茶等。

在20世纪50年代前，农民没有化肥和农药，肥料主要是猪牛粪、草木灰、焦泥灰等。在20世纪50年代后，农民开始少量使用化肥和农药。20世纪80年代开始，农民大量使用化肥和农药。

各农户大多饲养有牛、羊、猪和鸡、鸭等少量家畜家禽。牛主要是耕牛，用于农业生产；羊、猪往往是农户为了自己家过年过节或婚丧嫁娶时食用准备；鸡、鸭、鹅往往蛋肉两用。又因为南面不远是车岙港，兼有海水和淡水，鱼类品种丰富，产量高，所以有少量水产养殖业。

村里有不少手工业匠人。手工业种类有十多种，主要有木匠、篾匠、泥水匠、油漆匠、雕刻匠、裁缝师、小铜匠、箍桶匠等。木匠又分为大木、细木两种。大木主要是造房子，细木主要是做家具。一直到近现代，大木的地位都比细木来的高。此外，还有少量商业、饮食业、娱乐业。不少村民在农闲时节成为流动在乡村的说书艺人、戏班的演员或其他从业者。

（二）讨小海

讨小海，又称赶海、赶小海或落小海，是指居住在海边的人们，根据潮涨潮落的规律，赶在潮落的时机，到海边的滩涂和礁石上打捞或采集小海鲜。比如，拾海蛳、捡斑螺、拾泥螺、捉望潮、踏虾蛄弹、捉青蟹、车白蟹、钓弹涂鱼、抲蛏子、摸石蟹等。讨小海项目众多，能够吃的东西都可以捡拾。

西岙村南面是车岙港，所以村民的生产生活中就有了"讨小海"这项活动。1952 年车岙港水库建成后，讨小海活动基本停止。不过，在一些老房子的顶楼或角落里，依然可以看到一些讨小海的工具，如蟹插、丝纶、篰、弹鲻棍、罾网、竹笼、钓鱼竿、海马等。"讨小海"在西岙有上千年的历史，并且是当年西岙村一项重要的生活活动。

讨小海不需要成本，男女老少都可以参加，而且收获颇丰。其中一部分可以解决温饱问题，多余的还可以出售，用来贴补家用。有一些因家境困难买不起渔船的人，终生以讨小海养家糊口，人们称其为"海精"。

西岙南边的车岙港，是一个"海尾巴"。正是这个不起眼的"海尾巴"，给了村民数不清的各类海鲜。赶小海在困难时期养活了村里的男女老少，在生活水平提高以后又成为一种相当好的休闲方式。

"今日稍敝（什么时候）落潮？"这是海边的人们见面打招呼常用的一句话。因为月亮的盈亏决定着潮起潮落，海边的人们根据潮起潮落安排劳作时间。每月的初一、十五是大水潮，初七、廿三是小水潮，在大水潮时讨小海最好。因为大水潮时海水退得又远又快，而贝类行动较为迟缓，当海水退下去的时候，贝类就暴露在滩涂上了。

退潮了，就可以讨小海了。不需要招呼，大家不约而同地拿起铲子、篓子等忙着往海边赶，小孩也提着篮子、竹篓等紧跟着跑去凑热闹。如果退潮时间是夜里，那么整个海滩上就会出现星星点点的灯火，有煤油灯、手电筒、矿灯、火把，还有自制的土灯笼，好不热闹。"干潮泥螺涨潮蟹"，意思是潮水刚退捡拾泥螺正适时，而潮水涨时适宜捕捉沙蟹、红钳蟹。

1. 捡斑螺、拾海蛳

退潮后，海边的沙盘都露了出来。沙盘是孩子们捡斑螺的好地方。去沙盘捡斑螺的都是讨小海技术不高的小孩和妇女。等潮水退后，人们就浩浩荡荡地下海了。跳上沙盘后，人群四下散开。退潮后，一个个本在沙底下的斑螺，在沙里慢慢转动了起来。只要看到弓起来或裂开的沙，将拇指和食指插到沙里一捻，就能挖出一个大大的斑螺，只要眼疾手快，一会儿就可以捡到半篮斑螺。

"日头落山，斑螺摆摊。"夏天太阳将落山时，斑螺爬满滩涂。斑螺有花斑螺、玉斑螺之分，花斑螺的黄色壳体上布满黑色斑点，玉斑螺个头比花斑螺大，通体呈淡紫色。有经验的讨小海者不但能拾光在滩涂上爬的斑螺，还能把藏在滩涂下的斑螺拾去。

拾海蛳是最简单不过的讨小海内容，看似是小孩都能干的行当，其实也大有讲究。渔谚"清明前蛳，过冬雄鸡"，清明前的海蛳和过冬时的雄鸡最肥壮，所以清明前拾到的海蛳味道鲜美，肉体肥壮，是做海蛳酱和零食的佳品。且海蛳有黄蛳、青蛳、乌蛳之分，乌蛳个头较大，个头最大的是"柱瓦螺"，这是一种尾部像被剪过一刀的白色海蛳，长在海滩的沙石里，不脱鞋即能拾到。没有经验的初拾者，往往会拾到苦蛳、臭蛳。

2. 牁蛏子

退潮后，蛏子窝上方的泥上会有绿豆大的两个气眼，只要找到气眼，就可以挖蛏子了。方法有三：

一是钓。用蛏钩斜插气眼的软处就能钓上蛏子来。这是个技术活，比作绣花不为过，不需要什么体力，但对技巧和耐性要求很高，全凭手感。右手钓，左手取，如捡豆拾麦。但如果是初学者，往往不是挖碎了蛏子就是弄断了蛏钩，导致蛏子受到惊吓钻到蛏钩够不到的深处去。

这里介绍下蛏钩的做法：先找30厘米长的竹片或木片，一头削至宽约1厘米，另一头削得如毛衣针的针头那样。宽的那头是为了便于拿握，细的那头是为了把钢丝插入泥里。用玻璃片、砂纸打磨这根竹针。接着就是磨钩了，把韧性很强的钢条打磨成一端细如缝衣针、长约尺许的钢针，尽管打磨的进度很慢，可也急不得，因为这是至关重要的一步，针尖一定要磨得圆滑。最后是弯钩、固定。钢针磨好后，要把细的一端弯个小钩，长约1厘米。这是很有讲究的，全凭经验。弯儿不可大，不可小。弯儿大了会把蛏子挖碎，弯儿小了蛏子容易脱钩。做好了弯钩，接下来就是固定了，用直径0.3毫米左右的线把钢针仔细地绑在竹片细的一头，这样蛏钩就做好了。

二是手挖。简单地说，就是把手当蛏钩使用。看见气眼，用手快速又准确地插入泥里，在蛏子没有深潜入地下之前，把蛏子洞拦腰截断，把蛏子和泥一起提起来，蛏子就会暴露，另一只手就可以轻易地把蛏子拔出来了。这个方法可能会导致手受伤，但是拔出来的蛏子是完整的。

三是盐钓。找到气眼，马上洒上少许细盐，蛏子难受，就会自己跳上来，用手拔出即可。

3. 踏虾蛄弹

虾蛄弹也叫皮皮虾。踏虾蛄弹也需要技巧，虾蛄弹躲在滩涂洞中，洞穴相隔1米左右有一大一小2个水孔，用脚在小孔的顶端猛地一踏，躲在下面的虾蛄弹会随水柱从大孔喷出来，乖乖被捉。但如果下手不够快，或踩踏乏力，虾蛄弹会马上钻进洞去逃入滩涂底，再去捉它，手指非被它弹出血来不可。如果看到小孔上的水面有泡沫，"海精"称其"发花"，意味着虾蛄弹已经逃离了，再踏也是白费劲。

4. 捉望潮

望潮洞穴众多，难以捕捉。渔谚说"九洞弹鲋十洞望"。能够掌握捉望潮的技巧，已是一个合格的讨小海者了。辨认望潮洞要费一番功夫，蟹洞、弹鲋洞的洞壁一般较光滑，而望潮洞的洞壁如麻脸一般，凹凸不平，这是望潮腕上的吸盘扒成的。发现了望潮洞还得轻手轻脚地靠近，一旦发出动静，望潮就会逃往深处。春、夏季，直接伸手进望潮洞，快速抽动，望潮便会随手被带出洞来。秋、冬季，望潮比较难捉，需要"钓"，即在洞口插一把小竹片，俗称"望潮刀"，上系一根棉线，一端绑一只去除胸足的小蟹放进洞里，然后捧点浑海水慢慢灌进洞去，望潮见有猎物和浑水，便将腕伸向小蟹，捕捉者不能性急，这时可转动望潮刀，用小蟹将望潮引到洞口，飞快下手把望潮捉拿。

最简便的捕捉法是"照望潮"，夜晚涨潮时，用柴油竹管当火把，在浅潮中，将一只只舒展腕的望潮捉进克篓，一晚上能捉得几十上百只。当然，并不是每夜都能照到的。

5. 钓弹涂鱼

弹涂鱼又名跳跳鱼、弹胡，是生活在浅海滩涂里的一种小鱼，味道鲜美，营养丰富。其身体稍侧扁，长约10厘米，淡褐色，体侧散布暗色小斑。眼突出，可以转动，左右腹鳍愈合成一吸盘，胸鳍基部具肌柄，可以在泥滩撑起身体上部四处张望寻找食物、防备天敌。我国南北沿海均产。涨潮时它们躲进泥洞，退潮后它们出来活动，在泥滩或岩礁上爬行、跳跃、觅食。要抓弹涂鱼并不容易，因为它们的反应特别灵敏。

在古代西舍一带，捕捉弹涂鱼有掘、网、涨、赶、钓5种方法。"掘"是用锹挖掘硬涂中的弹胡。硬涂中的弹胡支洞少，顺主洞掘下去，十拿九稳，不易逃脱。"网"是用畚斗状的弹胡网，对准弹胡洞，用脚踩后洞，弹胡便从前洞逃出落到网中。"涨"是用特制的弹胡泥船装载弹胡棍，一旦在滩涂上见到弹胡洞，即在洞口对应处插入弹胡棍，片刻后出洞嬉戏的弹胡误入弹胡棍脱身不得，只等人们来收，涨一潮能收获很多弹胡。"赶"是用特殊的技巧将弹胡驱赶到设定好的陷阱中，退潮时驱赶者沿洋口设立一道小篱笆，末端装一只罾网，利用弹胡见人逆游的特性，慢慢将它赶入其中。赶技出众者一潮时可收获几十斤弹胡！

最绝的要数"钓"弹胡了。钓弹胡有三种方法。

第一种钓法，其实是钩。工具就是一根钓竿，一根鱼线，一枚自制的钓钩。

钓钩呈十字形，四面弯钩，极像迷你的海锚。做钓钩的材料有钢丝、铅丝、钢筋芯等。用钳子将材料的上部分拧成麻花状，再把未拧的部分向四周撑开成一个十字，然后将各部分弯成弯钩，用锉刀一点一点打磨成尖利的钓钩，做成一个长 10 厘米、直径 6 厘米左右的钓钩，每个重 150~200 克。再用一根 2 到 5 米不等的芦苇或竹竿当钓竿，系一根比钓竿略长的线，线另一端挂上钓钩就行。

有些钓者每天都趁着退潮，驾着海马提着钓竿到滩涂上钓弹涂鱼，只见他们右脚跪在海马上，左脚贴着滩涂，一看到弹涂鱼，就飞快地将钓钩甩过去，只要钓钩的一部分碰上弹涂鱼就能将其钩住。钓者胸前挂一只克篓，握一根钓竿，钓线比竿子略长，手起钩出，能把 10 米开外的弹鲥钓到胸前的敞口克篓中，动作娴熟者百发百中，涨一潮能钓 10 多斤弹鲥。如果用 5 米长的钓竿，6 米长的钓线，钩到 10 米开外仅 5 厘米长的弹涂鱼，其难度不亚于从 20 米外把篮球投进篮筐。据老人说，要练成这种功夫，起码要三年以上。有人总结，钓的要点是准、稳、狠。但是这种方法钓得的弹涂鱼或死或伤，不宜久存，需要马上处理。

"十二对廿七，潮平日头出（早上太阳刚出来时潮满）；初三十八昼平潮（中午潮满）……"这些谚语教会了讨小海者分辨潮汐，以寻找最佳的时机捕获弹涂鱼。

钓弹涂鱼的第二种方法叫旱钓。通常是用两根最小型号的钢丝弯成 U 形钩，再用蚕丝缠绕绑牢。要求钩长 3 毫米，倒刺长 1 毫米，两根钢丝捆绑处不太突出为好。这样的小钩一般会做上几百个。每个小钩都用蚕丝绑在一个新削的竹篾上。竹篾要求 1 米长，插在地上能自然弯曲。不用浮漂，仅在钩尖上用一小段沙蚕或海蚯蚓（陆上蚯蚓亦可）做饵料就行。因为是旱钓，在空气中弹涂鱼是无法分辨食物真假的，所以可用拟饵。又因为弹涂鱼生性贪食，空气中什么小东西飞过都想咬上一口，因此钓者都选用反光材料作饵。需要注意的是，不能将小钩穿在拟饵上，这样会影响小钩工作，反而会钓不上弹涂鱼。

旱钓弹涂鱼一般都是在满潮和涨潮的时候。在涨潮的时候钓更容易些，这时候弹涂鱼的食欲最旺，它们成群地追捕飞舞的蝇虫。只要寻着它们聚集的地方，然后在不远处间隔 20 厘米插上一根鱼竿，然后从另一个方向将弹涂鱼群向鱼竿的方向慢慢赶过去即可。弹涂鱼见饵就吞，提竿即上。只要没起大风吹乱蚕丝，保准弹涂鱼群驱赶过去后每根鱼竿都能吊着一条弹涂鱼。

第三种方法就是手竿钓。简单地说，就是像钓鱼一样，一人一竿，用钓鱼钩和饵料钓弹涂鱼。这种方法效率比较低。

钓弹涂鱼要注意以下几件事：

一是弹涂鱼相当机警，相距 10 米左右，人的双足移动所带来的震动会早早被它发现，所以一旦开始钓弹涂鱼，钓者就必须保持身体一动不动，当然周围也不能有其他人走动。

二是多选在退潮时钓，边钓边向滩涂深处前进，一旦潮退到最低处，就要后退，防止涨潮时发生危险，尤其是大潮时，更要及早考虑退路。

三是钓者之间要保持 5 米以上的距离，避免伤人。因钓钩甩出、拉回，准确性不强，且滩涂上滑腻，钓者站不稳，钓钩甩出去、拉回来，容易偏离方向，甚至会扎中旁边距离太近的钓者。当然，也要注意不要扎到自己。

四是钓钩在钓过一次后，要用淡水清洗一下，钩尖再磨得锋利些，然后涂上一层机油（食用油也可），防止生锈，保证下次钓弹涂鱼顺利。

6. 钓红钳蟹

红钳蟹的头胸是甲梯形，前宽后窄，额窄，眼眶宽，有一对火柴棒般突出的眼睛，眼柄细长。在觅食时，两只眼睛高高竖起，观察周围动静。一旦发现情况，就迅速撤离。雄蟹的最大特征就是大小悬殊的一对螯，大的那只称交配螯，颜色鲜艳，有特别的图案，质量几乎为身体的一半，长度为该蟹甲壳直径的三倍以上，小螯极小，用以取食，称取食螯，用以刮取淤泥表面富含藻类和其他有机物的小颗粒。如果雄蟹不幸失去大螯，原处会长出一个小螯，原来的小螯则取而代之长成大螯，发挥相同的功能。雌蟹的大小和形状跟雄蟹差不多，但两螯均相当小，且对称，呈指节匙形，均为取食螯。雄蟹颜色较雌蟹鲜明，有珊瑚红、艳绿、金黄和淡蓝等色。

红钳蟹体型比较小，平均身长约 5 厘米，体重约一二十克。而且即便是一只体形较大的红钳蟹，也甭想吃出多少肉来，包括那只看似饱满的大螯，无论你怎样烹饪，吃起来也不过是一股汁水，尽管鲜味十足，但是几乎所有的海产品都能胜它一筹，故沿海一带的人对红钳蟹总是不太感兴趣的。只有等到农历八、九月份"秋风响，蟹脚痒"的时节，一些村民想捣些红钳蟹酱，备作下饭菜，才会想到捉它。

红钳蟹除了磨成蟹酱，用来蘸土豆、芋艿，基本上想不出其他的食法。沙蟹除了磨蟹酱，尚可生炒，但红钳蟹却连生炒都不行。正因为红钳蟹的食用价值不大，所以以前海边的滩涂里，这蟹宛如天上的星星，随处可见。它们一般都栖息在塘坝两旁，挖洞而居，每当潮水退去时，红钳蟹便会爬出洞穴，一边晒太阳，一边吐泡泡。

红钳蟹警惕性极高，即使在洞外，它们也绝不会爬远，只将一半身子探出洞，一有风吹草动，立即收身进洞。若想徒手捉红钳蟹，不是件容易的事，一来它的洞不像沙蟹一样建造在滩涂上，手伸不进洞中，二来它的警惕性极强，人未靠近，它老早就钻入了地下。

钓红钳蟹的方法类似钓弹鲻，钓者腰间系一只竹篾制成的竹篓，屏声静息地站在滩涂中。使用的钓具也很简单，一根竹棒，一根钓鱼线。线一头连着竿子，另一头缠着钓钩。只是这种钓钩有些特别，是用较粗的铅丝磨成的，将五六枚这样的钓钩捆在一起，制成一个迷你的铁锚，然后绑上一块锡片，就成了钓红钳蟹的工具。

钓者的身体一动不动，只是将竿子一抛一收，眨眼间，就钓上了一只红钳蟹。右手抛竿，左手接蟹，动作娴熟，一气呵成。只一会儿工夫，方圆五六米内的红钳蟹都成了笼中之物。要练成这种功夫，起码需要三年以上的时间。

将钓来的红钳蟹清洗干净，去掉肚脐厣盖，加上盐捣成蟹酱，就成了普通百姓家的常年下饭菜。因为它一鲜二咸三爽口，俗称"下饭榔头"。"蟹酱直笃莫横夹"，是儿童在餐桌上常听到的一句话。还有这样一句俗语："蟹酱直笃（用筷子沾），员外呒介（没有）大福。蟹酱横披（用筷子夹），员外呒介家几（家产）。"这既是海边村民对现实生活的一种自我解嘲，也是对苦乐人生的一种精神写照。

7. 车 蟹

车蟹是项悠闲的讨小海活动，夏日浅水潮时，讨小海者胸挂克篓，双手扶着车蟹网在齐腰深的海水中推行。车蟹网由两根竹竿组成，中间用螺丝或木栓固定，一端系扇形的渔网，一端用作推行的把手，张开时呈"X"形。过去鱼蟹多，推行20—30米,起网一次,总有数十只白蟹、石蟹进网,偶尔还能车进海鱼或触到江瑶柱。江瑶柱直插在洋中,上口锋利,要潜下水去才能挖出来。车上来的蟹一般个头不大,肥瘦不均,渔民将肥的煮烤,瘦的碾蟹酱,或干脆放生。

8. 拗罾和车罾

在江河出海口沿岸,常可看到拗罾及车罾的捕鱼法。

拗罾是旧时海边的人们用竹排在内海捕捞的一种作业方式。拗罾要用竹排或船。竹排由16根毛竹扎成,每根毛竹长约6米。竹排身上搭一棚,棚内可容一小睡铺和一些小灶具。这样,一家人可在棚里吃饭、睡觉。中华人民共和国成立前,有些年轻夫妇和襁褓中的孩子就在这样的竹排上生活。

拗罾的捕鱼规模较小,顶多只算半专业人员的捕鱼方法。所谓的"罾"其实是一张可开可合的活动渔网,大者边长不过五六米。这种渔网的四个角被两根架成"X"形的竹竿的末端捆住。另将这个"X"架的中心点与另一根长竹竿的末端拴在一起。同时由此处接出一根粗绳作为牵引绳,可供渔民操作。在要捕鱼时将那根长竹竿的头部顶在岸边底下,拉住牵引绳缓慢放松,让罾网靠着自身的重力慢慢沉入水中。当一切恢复平静后(这个过程约需10分钟),就会有鱼、虾等从罾网的上方水中不断游过,这时渔民要用双手快速将罾网拉出水面(因此它有个俗名叫作"手罾"),然后用套在长竹竿尾的一只网兜把罾网中的鱼、虾舀上来。如果将这种拗罾装置固定在渔船上,就叫作"船罾"。

车罾是专业户所为,通常搭建后连置几个月不搬迁。它采用的渔网每边长10多米。其罾网结构与拗罾的罾网大体相同,只是规格大一两倍,要花费较大的力气才能将这个大型罾网拉出水面。因此,渔民聪明地运用物理学上动滑轮可省力的原理,用4块中间钻了洞的长木板和许多竹榫做成了一个直径约1.5米的有手柄的轮子(行话称为"车仔"),在轮子上先绕上几圈粗绳子,把粗绳子的一端连结罾顶的"X"架中点。采用这种方法捕鱼的时候,一般把架设地点选择在离岸20多米的平缓海(江、河)床上,要选择退潮时也有水的地方才可。因此需先设置一段离岸六七米长的架空独木桥,可到达建好的架空的海面上的小棚寮。这座小棚寮可容纳一个小睡铺和小厨间。从小棚寮起另有一条小独木桥往外延伸10多米,其尽头处安装着活动的竹木轮子(即"车仔")和其他附加装置,还有罾网。作业时,渔民站在这小独木桥尽头操作"车仔"上面的手柄,缓慢地放松绳索,让罾网平稳地沉入水中。约半小时后,渔民操作"车仔"拉紧绳索,平稳地把罾网吊出水面以收获鱼、虾、蟹等。

9. 放 笼

有些专业讨小海的人,头一天就放好了笼子,第二天到放好笼子的地方,把困在笼子里的虾、鱼和螃蟹倒进筐里,然后再将笼子整理好放回原处,等第三天再来收。如此周而复始,每天要走10多千米路,满身泥泞地挑着几十公斤的虾、鱼与螃蟹艰难地在滩涂上走来走去。有太阳的时候,会非常热;有雨的时候,全身湿透。如果不小心踩到一块沼泽地,整个人会陷进泥里。除了滩涂本身的危险,多变的天气也会造成危险。有时人已经走到滩涂上,突然下起雨来,或者大风突然来袭。要是海面上起雾,根本无法分辨出东南西北,所以,专业讨小海的人才会去放笼。

10. 海 马

海马并不是马,是讨小海的工具,有些地方叫"泥艋船"或"泥鳗船",俗称"单脚蹬",是一些讨小海专业户常用的一种工具。

海马大多长约1.5米、宽约0.4米,是一种专供滩涂上行驶的狭长的木制小船。海马是实用之物,为人们讨小海便捷而制,没有统一的标准和规格,从发明以来,长短不一,宽窄各异,制作各有不同。但始终离不开快速、便捷、减负这三大特点。

因为滩涂上淤泥深,用双脚走会陷入泥里面,行动相当艰难,甚至会出现危险。而海马与滩涂接触面积大,不会下陷。利用海马在滩涂上滑行,一来可以大大提高速度,二来可以提供安全保障,遇到沼泽地也可以安全通过,三来可以大面积扩大讨小海的范围,到达更远的地方,获得别人难以获得的小海鲜,四来可以减轻负担,免去肩挑手提重物在滩涂里行走的艰难。

海马的头高高翘起,中间是用作扶手的横杠子,人只要双手紧握中间的横杠子,一只脚跪在船的后部,另一只脚在滩涂上用力朝后蹬,借助扶手把握方向,海马便能在滩涂上飞速滑行,故海马有"滩涂轻骑"之称。渔民知道,要想在齐膝深的滩涂上轻巧、快速地滑动海马,关键之一是要掌握好平衡,其二是蹬腿的力度要均匀适中。

海马的前端留有空位,可用来放置干粮、水以及捕捉到的鱼、虾、蟹等小海鲜,还可以放置讨小海的工具,如竹筒或笼子。

(三)其他行业

西岙村特产主要有杨梅、枇杷、青梅、橘子、板栗、竹笋等,但没有大规模的种植。

改革开放以来,西岙村的生产结构和生活方式发生很大的变化。青壮年有些到外地打工,有些在本地开店,农户则做家庭加工或者办个体企业。

(四)文化教育

西岙小学创办于1947年,定制为"三班三员",即一、二年级为复式一班,三、四年级为复式二班,五年级一班。2004年2月,在校学生共72人。2004年9月,西岙小学被撤并,小学生全部到宁海县长街镇中心小学读书。

为了西岙的小学生及学生家长来回方便,宁海县公共交通有限公司根据宁海县长街镇中心小学上下学时间表,修改了直通西岙村的公交班车的发车时间。20世纪80年代,西岙小学曾经短暂办过"戴帽子"初中,后撤销。

（五）衣食住用

1. 衣 着

清末民初，男女都穿圆领斜襟的外衣或对襟衣，穿合折裤。富人及知识阶层时兴穿长衫，庄重场合外罩短褂。冬衣有短棉袄、长棉袄，夏衣有夏布衫、白洋布衫、纺绸衫。一般百姓加系围裙，妇女系拦腰。之后，知识阶层时兴穿学生装、中山装，妇女流行穿旗袍。中华人民共和国成立后，渐流行穿中山装、列宁装，冬天时兴穿西式长短棉大衣、绒线衫、卫生衫等。"文化大革命"期间，青少年流行穿军装。改革开放后，衣着样式日趋多样化，有夹克衫、滑雪衫、羽绒服、牛仔服、西装等。女子兴穿裙子，裙子有三角裙、百褶裙、旗袍、连衣裙等，学生兴穿校服，工人兴穿厂服，各单位职工兴穿工作服。

旧时，儿童有戴银项圈、银手镯、银脚镯的习惯。中华人民共和国成立后，旧佩饰几乎绝迹。改革开放后，耳环和戒指复兴，还流行金、银或珍珠项链。幼儿出门时挂长命锁、长命线、小宝剑、小响铃、天勿怕（一种贝壳）、麂角等驱邪物的习惯，至今还保留着。

2. 饮 食

20世纪80年代以前，主食是大米，还有番薯、土豆、玉米、高粱、粟、大麦、小麦、荞麦、蚕豆、黄豆等。蔬菜和水果有花生、南瓜、冬瓜、丝瓜、芋艿、青菜、大白菜、豌豆、带豆、芝麻、西瓜、黄瓜、菜瓜、桃子、梨、银杏、柑橘、枇杷等。现今主食还是大米，小麦只当节日点心，番薯、玉米、芋艿、土豆、蚕豆、黄豆等当蔬菜食用，高粱、粟、荞麦几乎不再食用。西岙人会自己酿酒，有米酒、麦烧酒、番薯烧酒、糟烧酒等。过去，偶尔还做"洋芋饭""红豆饭""番薯饭"等。

3. 住　房

旧时富裕人家大多住楼房，中等水平人家大多住平房，大多数的贫困人家住茅屋。楼房、平房都是木结构，有"四檐齐""三檐齐"等，屋墙有青砖墙、石头墙、夹板泥墙（用黏土夹板捶打成墙）等。茅屋多为泥墙，竹木结构，稻秆编成"草扇"盖顶。大户人家大门上有石雕、砖雕，大门外有翘角照墙。如果门窗直对路口或山墙，则认为不吉，会在自家墙间树"泰山在此"或"泰山石敢当"石碑一块，或在门窗上挂虎头像、装反光镜，以"禁邪驱鬼"。

造房子需择日子动工，选时辰上梁，梁正中挂红布讨彩，并有贴红纸对联、放鞭炮、抛馒头等欢庆活动。上梁之日办"竖屋酒"，宴请亲友和工匠。

中华人民共和国成立后，房屋样式翻新，新造的多为三间面、五间面等直排形院落。20世纪六七十年代主要建造的是由乱石墙、水泥桁条组合成的平房，80年代后多建红砖墙和钢筋水泥结构的楼房或平顶小屋。茅屋逐渐减少，到20世纪末基本消失。

21世纪以来，高层楼房、别墅式楼房如雨后春笋般出现，样式和质量越来越讲究。不过，择日子、办"竖屋酒"、用"泰山在此"石碑等一些旧习俗依旧流传。

4. 器　具

旧时，家具以木制为主，竹制次之。眠床最为讲究，有前后出帐、挈弯、三弯、薄夹橱、半屏风、凉床、四脚床、竹床、眠柜等。床栅多为木板、竹片，上面铺垫稻秆编的"稿荐"、麦秆扇等，少数富裕人家有棕绷。有一种雕花嵌骨的衣橱，俗称"奢橱"。有的衣橱前还配置橱前凳，可供坐卧，内可藏放铜钿。箱子为"三叠箱"，下面是小橱，中间叠开面箱，上面搁红板箱。卧房内放"房檐桌"，主要有长方形的"三斗桌"（三只抽屉）、"五斗桌"（五只抽屉）和正方形的"账桌"（左右两边有抽屉）。厨房间的吃饭桌多为圆形或方形板桌。还有一种加框子的方桌叫"八仙桌"，多在祭祀时用。羹橱有大羹橱、小羹橱、竹羹橱等。凳子有长凳、短凳、圆凳、矮凳等。椅子有太师椅、靠背椅、竹椅等。

中华人民共和国成立之初，村民主要沿用旧式家具。之后，新家具如皮箱、三门大橱、写字台、沙发椅、高低床、沙发床等相继流行。20世纪80年代以来，又渐兴组合家具，材料多用宝丽板、刨花板、半实板、三合板等。

器皿方面，旧时多用水缸、米甏、酒埕、甑头、七石缸、茶瓶、茶壶、汤罐、夜壶等，多为陶瓷制品。也有铁汤罐、铜火熜、镴酒壶、镴瓶等。碗盏有粗瓷碗、洋花碗，农家多用粗瓷碗。煮饭用生铁镬。中华人民共和国成立后，流行铝制餐具、搪瓷用品和玻璃器皿。20世纪60年代后渐有塑料制品，且日趋精美。20世纪80年代后开始流行煤气灶、高压锅、电饭煲、电炒锅。镬、铲、刀等开始有不锈钢制品，细瓷碗、盏、盆、碟渐多。现在，粗瓷碗、洋花碗等已退出人们的日常生活。

宁波传统村落田野调查·西岙村

四 物质文化遗产

（一）民居古迹

西岙村民居古迹相对较少。目前村内新旧建筑混杂，某些新建筑已取代旧建筑，某些地方出现一边新一边旧、一边高一边低的景象。经过努力，目前主要保留着以下旧民居：

大街道地。在主要古道大街中段西面，紧靠大街，占地面积350平方米，建造于晚清时期。

蒋家道地。占地面积282平方米。陈姓第十六世祖世明公故居，现存石子铺就的道地，建于明代，距今550多年。

踏道头道地。占地面积341平方米。陈姓第二十二世祖而偶公故居，现存木结构平屋，前后两个石板道地。建于明代，距今450多年。

文纬公故居。占地面积150平方米。陈氏第十一世祖文纬公，退老而归所建，现存横铺石板道地，距今740多年。

（二）寺庙、宗祠

西岙村建于北宋初年，有1000多年的历史，拥有丰富的物质文化遗产。南宋，西岙进入鼎盛时期，这些物质文化遗产大多建于南宋时期。传统建筑占村庄建筑总面积的比例约为25%。

1. 寺　庙

集福寺

位于村北白岩山下，始建于后晋（936—947），据考证为宁海区域内最早的寺院。

据南宋《嘉定赤城志》记载，村北白岩山下的集福寺始建于后晋（936—947）时期。据传，军将王德安结庐于此，盖税场故址也。后周广顺元年（951）赐名"保福"，宋治平三年（1066）改名为集福寺。这个名称包含着集体享福的含义。

西岙村陈氏十一世祖陈文纬在宋咸淳八年（1272）退休回乡居住，将寺侧60亩土地拨予集福寺。他在同年所写的《拨田记》中载："吾乡集福寺建于东晋（注：可能是后晋之误），其始也，基构广而僧徒众，为乡邑壮观。"寺有二碑，洪武二十九年（1396）因造厢房，被窃埋西厢阴沟下。之后寺院倾圮，明代复建一小阁，清康熙初重建殿宇，乾隆三十六年（1771）续建大殿，道光二十八年（1848）再建法堂、净土堂及寺右之兴福庙。集福寺的建筑风格，有许多福建建筑的特点。

1949年宁海地区解放前有僧人5名，土地改革运动期间，寺田、寺产被征收重新分配，僧人大多还俗、务农，只留有僧人1名。后来，集福寺遇火灾，东西厢房36间全部被焚毁，只剩下清初所建的大殿保存完整。"文化大革命"期间，佛像被毁，佛教活动停止。1967年开始，大队榨菜厂借用集福寺大殿生产。1978年改革开放，宁海县成立佛教协会，佛教活动恢复，寺庵重修，佛事渐盛。

2001年，改建东厢楼房6间。2004年，新建天王殿、地藏王殿、厨房，改扩建西厢楼房9间。2011年，宁波市七塔寺斥资90多万元对大殿进行保护性修复。2018年，东西厢房36间全部重修完毕。现在集福寺建筑面积12000平方米，占地面积7亩。供奉释迦牟尼佛。现有住持释海法师1名，僧人多名。1992年被批准为"保留宗教活动场所"。

集福寺最可贵的是尚存宋代古印一枚，是北宋大中祥符二年（1009）的玉石古印，印宽8厘米，净重375克，上面篆刻着"叁宝佛法僧之印"七字，字为篆体阳文，代表着一千年前寺院严谨的寺规和法理。

集福寺前有后晋建寺时修的古井一座。寺前古柏三棵，寺内外有十几棵数百年的古樟树、古柏树。有的古柏树树干中心已空，有的古柏树半边树皮脱落，但仍然枝繁叶茂，别有情趣。寺外有古石碾一座、宋代原真性石拱桥一座（即寺前桥），以及雕刻别致的硕大的古石柱础、大石槽等。

水珠岩庙

位于村北，集福寺的南面，郑霖墓斜对面，大坑溪上游。从它的背面过大坑溪就是水珠岩（小型瀑布，水落如珠，故名）。水珠岩庙的大门朝东，面向大路。其始建于南宋，三开间，前有小院、月洞门、照壁。庙里正中供奉着一个牌位，上书"敕封西洲水珠岩庙当境至尊神之座"。庙里供奉的主神是侯王大帝，还有土地公公、土地婆婆。庙里所用的石柱已经有相当长的年岁。现有建筑面积为250平方米。

大成殿

位于村中心，始建于南宋，三开间，供奉孔圣人。现有建筑面积为200平方米。

为什么供奉孔子的地方被称为"大成殿"呢？据考证，元成宗大德十一年（1307）加封孔子为"大成至圣文宣王"。"大成"的意思是孔子达到了集古圣先贤之大成的至高境界，即做人的最高境界。"至圣"则是说孔子是最伟大的圣人。清顺治二年（1645），再加封孔子为"大成至圣文宣先师"。所以，供奉孔子的地方亦称大成殿。

泗洲沙头庙

俗称"外庙"，位于村南，始建于北宋仁宗年间（1023—1063）。三开间，前有天井，占地面积450平方米，建筑面积180平方米。所奉主神是侯王大帝。左右分别供奉着龙王菩萨和土地公公、土地婆婆。庙后有600多年的圆柏和柞木各一棵，300多年的古樟树一棵。

"文化大革命"时期，此庙神像遭到毁坏，1988年重塑神像，1996年再次被毁，2005年将庙里所供神像由泥塑改成木雕，2012年古庙房屋大修。

西畲村自1254年开始，每年正月十八夜"行大龙"，两条大龙分头游遍村庄和田间，会合于沙头庙前，叩首膜拜沙头庙的几尊神灵前，请苍山龙王尊神降临，保佑村里风调雨顺、四季平安、万事如意，保佑读书者文星高照，保佑外出求财者日日进财，保佑耕作者五谷丰登，保佑养禽畜者六畜兴旺。每年农历三月廿七在此举行庙会，施放焰口，本村村民及附近信众前来诵经膜拜。

泗洲沙头庙被浙江省民族宗教事务委员会确定为"浙江省民间信仰活动

场所"。

羊祜殿

位于西岙村北面的白岩山山顶,是西岙村的制高点,为了纪念西晋时期的大好人、著名政治家羊祜而建。殿内神龛里供奉的羊祜相公塑像英气威武,儒雅慈祥。

2. 宗 祠

四姓祠堂

四姓祠堂,是陈、郑、周、王四姓合祠。原宗祠始建于南宋咸淳三年(1267),距今已经750多年。

据载,当时在京任职的西岙人分别有右丞相陈吉甫(即叶梦鼎)、发运使郑霖、国子祭酒周成童、翰林学士王良宠。南宋度宗皇帝于1267年8月15日颁下圣旨,圣旨中高度赞扬他们:"右丞相陈吉甫,为朕股肱,竭忠匡赞;发运使郑霖,转饷江淮,懋著能声;国子祭酒周成童,职司文教,造就多才;翰林学士王良宠,授任词垣,文辞藻丽……四卿生同乎里,仕同乎朝,文章政事历历可观,忠孝节义不愧科名。"令这四姓子孙合用一祠,以祀其祖。因四人同里,且同朝为官,封四姓合祠,称"四大名宗""冢宰大宗祠""皇恩雨露"。这就是四姓祠堂祠名的来历。《西洲陈氏族谱》载,明洪武二十九年(1396),一代名儒方孝孺为此祠撰写了《冢宰大祠堂记》。

今天的四姓祠堂中间挂着当年南宋皇帝的圣旨匾,正中上方是圣旨亭,亭里放着圣旨牌,圣旨牌上写着九个金字:"皇帝万岁万岁万万岁"。祖宗台上放着五块牌位,正中是陈氏祖宗牌,左右两侧是右丞相陈吉甫、发运使郑霖、国子祭酒周成童、翰林学士王良宠的牌位。神龛的三侧板壁上分别贴着陈氏家族十二位先祖的画像。

除了皇帝圣旨匾,四姓宗祠内还挂有四大名宗匾、皇恩雨露匾、胡公(讳)妫满匾、大业鼎盛匾、冢宰大宗祠匾。

祠堂内侧还写有两副祠联。

其一:本同寅协恭之谊以合祠,虽序属甲乙丙丁,原不分东眷西眷;推式好无尤之心以睦族，凡派联伯仲叔季，其忍遗大宗小宗。

其二：音容如在，想当年甲第起家，居同里，仕同朝，攀凤舞龙彰盛会；纶绋长留，愿后嗣书香接踵，臣尽忠，子尽孝，经天纬地答清芬。

从两副祠联中可以看出，四姓祠堂对西岙村影响深远。

四姓祠堂还有以下祠联：

宋室尚书第，圣朝宰相家。

盛朝浙右无双族，大宋江南第一家。

四姓英灵皆不朽，千秋血食永留芳。

此祠原有建筑面积 1500 平方米。20 世纪 70 年代，因建造西岙大队影剧院，祠堂被拆毁。今在原址旁边重建，朝向亦由朝南改为朝东。四姓祠堂前各有一对南宋时留下的石鼓。此对石鼓高 0.74 米，仅在鼓面上刻有螺旋线，无其他装饰，而且石鼓后面没有门枕，虽无实用功能，但能起到装饰的作用。保留至今，弥足珍贵。

至今，宗族观念仍刻在村民的头脑里。每逢正月初一，宗祠里摆好祭品，办丰盛酒席，隆重集会，举行祭祖仪式。正因为有四姓祠堂这个载体，西岙村四大宗族的家风才能凸现，它的存在，成为展示西岙村团结和睦的象征。

（三）南宋古墓

南宋古墓位于西岙村村北，集福寺南，坐东朝西，建筑面积约为 1000 平方米，墓正面为笔架山。墓碑面宽 13.5 米，墓正面无一字，正面石制构件镌刻着具有典型宋代特征的"圭角素云"如意云纹装饰线条。原有墓道，长 50 米，宽 10 米，两侧伫立着石像生。墓道由石板铺砌，分四级台阶递进，入口处有石坊，墓前有刻字及其他石质饰物，另有翁仲、武勋、石羊、石马、石阙等石雕，大多已废弃，现仅存墓体，翁仲、武勋一对，石羊一对，石马一对，石阙尾顶一对。墓前 80 米左右，置石牌坊一对，原先可能有精巧的本质阁楼。坊额已毁，现存石坊柱两座，高 7 米，间距 5 米，双双竖立于原址。古墓前还散落着大块残损的享亭石构件。

南宋古墓的墓主人到底是谁，至今不能确定。目前主要有四种说法：

第一种，文物部门专家称之为"郑霖墓"。郑霖，号雪岩，宁海县长街西岙人，南宋开禧元年（1205）入太学，绍定二年（1229）登进士。授江西南安军教授，官终大理司直枢密院编修，是南宋右丞相叶梦鼎的老师，著有《中庸讲义》《雪岩集》等。因不为奸相贾似道所笼络，被贾似道借故杀害于杭州。几年后平反，迁葬于此。

第二种，有人疑为"生同乎里，仕同乎朝"的陈吉甫（叶梦鼎）、郑霖、周成童和王良宠的父亲陈待聘、郑思温、周斡、王球四人的合葬墓。因为宋度宗于咸淳三年（1267）下旨"敕其子孙合为祀其祖"，故有可能将其父辈合为一墓。

第三种，《西洲陈氏族谱》记载是"叶梦鼎丞相亲生父母陈待聘夫妇之墓"。

第四种，在第三次全国文物普查中，有关省级文物专家考证此墓为明代（1368—1644）所建，墓主待考。但其规模之大，规格之高，并非平民百姓所能享有，该古墓具有一定的历史和研究价值。

另有一座明代古墓，在村南太平桥西侧柏树脚，是陈氏二十二世祖意昌公墓。建筑面积为352平方米。为覆斗式墓葬，坐北朝南。墓正面有栏杆，墓周围用金刚圈垒筑，具有典型的明代墓葬风格。墓前有飞禽走兽、栏杆、明堂、墓志等。墓碑宽270厘米，高77厘米。墓面石板无字，栏杆柱头用莲花装饰。因墓碑雕有花纹，村民俗称"花坟"。此外，西岙村边尚有不少明清、民国时期的古墓。

1982年12月15日，南宋古墓和明代古墓以"西岙古墓"的名义被列为宁海县第二批县级文物保护单位。2003年被列为二级旅游资源单体。

（四）七道圣旨

南宋时，西岙有许多人做官，在京官员不少，有"三十六位在京官，三斗三升芝麻官"之说。至今《西洲陈氏族谱》中仍然记载着南宋皇帝赐给西岙官员的七道圣旨。圣旨原件无存。

第一道：宋孝宗乾道三年（1167）四月十六日。颁陈廷芬之母叶氏教子有方，原赠安人，加赠淑人。

第二道：宋孝宗乾道三年（1167）四月十六日。颁陈廷芬之父陈产彦教子有方，赠朝请大夫，兼中都国子祭酒。

第三道：宋理宗淳祐十二年（1252）八月十五日。颁礼部仪制司郎中陈纬妻郑氏，赠安人，加赠宜人。

第四道：宋理宗淳祐十二年（1252）八月十五日。颁礼部仪制司郎中陈纬升任正郎，进阶奉政大夫。

第五道：宋度宗咸淳三年（1267）八月十五日。颁右丞相陈吉甫（即叶梦鼎）、发运使郑霖、国子祭酒周成童、翰林学士王良宠四位良臣"生同乎里，仕同乎朝，文章政事历历可观，忠孝节义不愧科名"，令其四姓子孙合用一祠。

第六道：宋度宗咸淳八年（1272）八月十二日。颁礼部仪制司主事陈绍廉妻徐氏，赠孺人，加赠安人。

第七道：宋度宗咸淳八年（1272）八月十二日。颁礼部仪制司主事陈绍廉，以翰林院庶吉士进阶承德郎。

（五）古 桥

西岙大坑溪上架有宋代古桥三座。这三座古桥是宁波市为数不多的宋代原真性石拱桥。建桥年份无从考证，民间有"祠桥同建"与"墓桥同建"两种说法。2005年3月被公布为省级文物保护单位，正在申请国家级重点文物保护单位。

这三座南宋单孔石拱桥是村庄东西两大部分的连接纽带。

1. 惠德桥

位于村南入口处，东西走向，为单孔石拱桥，造型优美，结构精致。桥面总长11.5米，宽4.5米，高3.6米，跨度7.5米。横断工字石桥栏8块，莲柱8只，抱鼓石4块。北向正中券面石上镌有"惠德桥"三字。

从桥形看，桥栏为弧形薄腹石栏，两边各有3块，与桥面形成曲线。弧形桥面上铺弧形石板。桥面极薄，只有十几厘米厚，成弧形紧紧贴在拱券上，大大减轻了充填在拱券上的填料质量，也使桥形显得格外柔美。

从拱券结构看，更为奇特。拱券由七条弧形石条分主辅券并列纵联构筑。四条主券各自独立，好像四座独立的拱形独木桥。四条主券之间是三条辅券。这种形式在宁波现存古代桥梁中是唯一的，而且在有关古桥的技术专著中，亦无列举。但是这种结构却能够经历七百多年而不毁，实在是个奇迹。

惠德桥造型优美，结构十分精致。不但整体看上去线条流畅，布局和谐，而且其细节更令人叹为观止。四条龙门柱柱端雕刻的四只宋代风格的小石狮，刻作刀法简洁，额头与鼻梁有方折感，耳小、眼球外突，鼻与上下唇在同一平面上，狮毛后掠。这四只小石狮两两相对，守住桥门。小石狮的结构与北宋永裕陵的石狮如出一辙。更加奇妙的是，四只小石狮子造型各不相同。朝向村外的两个小石狮开着口，朝向村庄的两个小石狮闭着口。村里流传，"开口"的意思是嘱咐村里外出求官求财的人要做好事，不做坏事，平安归来；"闭口"的意思是示意回家后要守国法、遵族规、睦乡邻，不要信口开河，免受言多必失之累。也有人认为，这四只小石狮其实是龙之第五子狻猊，狻猊形似狮子，能够控制龙神，抑制洪水，所以才会被雕刻在桥上。

惠德桥的栏板、石望柱，拱券与拱券，均有紧密的榫接；桥边的"圭角素云"纹历历可数，优美雅致。据考证，"圭角素云"如意云纹装饰是宋代家具和建筑中常用的底角装饰。莲花状桥栏柱虽已部分风蚀，但在专家眼中，这些莲柱与东钱湖南宋史弥远墓前的莲柱并无二致。

惠德桥因为雕刻有四只狮子，俗称"四狮桥"；因靠山前，俗称"山前桥"；又因桥顶栏板分三段而设，故又称"三截桥"。根据当地人介绍，捐建惠德桥之人，应该是宋代在外为官的西岙人，他们功名显达时，不忘报家乡之恩，故建此拱桥，家乡人感其情，故称"惠德桥"。

2. 祠堂桥

位于西岙村"四大名宗"宗祠前，故称祠堂桥或祠前桥。根据桥的形制判断，祠堂桥应建于宋代，但结构与惠德桥不同，为框式横联砌置的单孔石拱桥。东西走向，桥长6.3米，宽3.3米，净跨径5.5米，矢高3.5米。拱券石错缝叠砌于基座上，斧凿成形，四块一行，结构紧密。东侧用20行，西侧用19行，共至拱顶,由弧形的小条石纵向连接,南侧4块,北侧5块,拱中5块,采用榫卯法,南北两侧各用券面石7节,第二、第三节之间各嵌筑横置拱券上端部分。西侧明显用榫接法,当地俗称"扎榫"。桥顶无栏杆。今天,桥面建筑荡然无存,只剩下光滑平整的赭红色石板桥面。2005年被公布为第五批省级文物保护单位。

3. 寺前桥

位于西岙村村北集福寺前,故称寺前桥。根据寺前桥的形制判断,该桥应建造于宋代。南北走向,偏东,为框式横联砌置的单孔石拱桥。桥长10米,宽3米,净跨径6米,矢高4.01米。拱券石下各用三块一行的基石两道,座砌于岩层之上。基石上各用四块一行的条石错缝横向叠砌,东侧至拱顶17道,西侧至拱顶18道。拱顶用9块弧形小石条纵向并列,连接东西两侧横置拱券石,或用榫卯连接。券面石各分5节,第一节券面石顶部各与第八道横置拱券石嵌接,用榫卯。券脸石4块,各分置于第二、第三节券石之间。西北角一块已失,露出第三节券面石端的榫头。无盘石4个,呈盝顶形,上各刻以莲花、荷花、梅花。券顶石斧斫成厚薄两个沿口,南北侧刻"圭角素云"纹。龙门上用斧斫后规正石块叠砌。桥顶也无栏杆。

寺前桥许多特征与祠堂桥相同。

(六)古石碾

石碾主要用于农作物去皮、脱粒、碾粉等。这是古代传下来的"碾米机"。碾子的种类很多。西岙石碾作为南方碾子的一种,在形制和使用方法上,均与北方碾子有着非常大的区别。石碾都设置在村庄的边缘或宗祠的附近,按风俗讲,大多位于村庄的下风口。使用时都是以牛来拉动碾子盘碾压谷物,以达到谷物去皮、脱壳的目的。一部完整的石碾子,通常由碾子盘、碾子槽、碾子芯,以及木制的碾子架组成。一个碾子盘一般重500至800斤不等,直径可达1.5到1.8米。需由上好的整块石料打磨而成,其中不可有丝毫的裂痕、水漏痕。

造型通常为正圆形,中心有方孔,中间较厚,通常会打制一个较厚实的内圆突出于外圆,整体类似于古时的铜钱,外圆内方。制作考究的还会在这个突出的内圆中刻录纪年、铭文、所属人一类的文字。碾子盘的周边较薄,打磨得十分光滑。这样的碾子盘,必须在特定的轨道中滚动才能发挥作用,它的轨道就是铺设在地上的碾子槽。

西岙的石碾子,都是直接铺设在地上的落地大碾子。石碾子有一个360度的圆形轨槽,直径在4到6米之间。它们由若干段长短不等的圆弧形石槽拼接而成。槽内壁的衔接要分毫不差,角度的对接要恰到好处。每一副碾子槽其中一段的底部外侧还会留有个排水口,不细看是很难发现的,这是为清洗石碾子用的,不用时用塞子堵上就可以了。这一设计充分体现了人性化设计的理念。

在碾子槽的正中心有一个碾子芯。它也是由石料打制,为正方形,中间有方孔,颇为厚重。碾子槽与碾子芯之间,通常铺设石板,也有铺石子的,更有考究的,在碾子芯四周以四根长石条与碾子槽相抵,以更好地固定碾子芯。

在碾子芯上装上碾子架,一副完整的石碾子就制作完成了。这碾子架细说起来也还是有讲究的,它分为碾子架和碾轴两部分。碾子芯的中心孔是方的,装在它上面的是一个固定的硬木底轴,这个底轴的上端是圆的,在它上面还有一个硬木的底端中空的转轴套着,这个转轴与碾子架相连,碾子架又与碾子盘相连,如此才能保证碾子盘能牢牢地竖立在碾子槽上。使用时人们会将牛套在碾子盘外侧延长的碾子架上,牛沿着碾子槽外侧拉动碾子盘,随着牛的拉动,碾子盘在碾子槽上缓缓地转动,人们将谷物以一定厚度铺在碾子槽内,随着碾子盘的碾压、谷物之间的摩擦,外壳随之脱落。

直到20世纪60年代,依然有人使用碾子碾谷物。人们通常把碾子所在的地方叫作"碾子场"。每年秋收之后,直到年前,只要天气晴好,碾子场就会一直忙碌着。

一副石碾子可以说是一副雕塑作品。它巧妙的设计、精湛的工艺来源于生活,又经历生活与时间的磨砺。西岙的石碾作为南方石碾的代表,无论是从历史的角度还是现代审美的角度,都称得上是艺术品。

西岙村至今保存着4套不同的石碾,均建于清代,分别是西岙老学校石碾、老爷庙石碾、公园石碾和集福寺(寺前)石碾。西岙村的石碾共有两种形状。其中一座无碾槽,碾轮呈圆柱体,村民叫"罗汉碾",主要用于碾粉。其余三座均为碾子槽和大碾轮组成的碾子座。大石碾碾盘周长 17.27 米，槽深 0.18 米，碾轮直径 1.66 米，一次性可碾谷 300-400 斤；小石碾碾盘周长 3.5 米，槽深 0.13 米，碾轮直径 1.63 米，一次性可碾谷 200 斤左右。

一个村有这么多石碾子，说明古时该村人口众多，经济发达。集福寺前的石碾子，据说是专门供集福寺使用，间接反映了集福寺的香火十分旺盛。

2008 年，宁波市公布"宁波市第三次全国文物普查十大新发现"，宁海石碾子名列其中。2012 年，西岙石碾子被列入宁海县重点文物保护单位。

（七）古　井

集福寺古井。位于集福寺大门前，建于五代后晋年间，与寺同龄，约有 1000 年历史，口径 0.8 米，深 7 米。

大街南宋古井。位于大街中间偏西北，大街道地北部。距今 770 多年，口径 1.1 米，深 10 米。

长坑岭脚明代古井。约有 700 年历史。方形，井边长 1.5 米，深 2 米。

大街上横路古井。位于集福寺南面，西岙村北面民房中间。距今 370 多年，口径 0.85 米，深 9 米。

以上四口古井，井水都是地下泉水，冬暖夏凉。2010 年，全村通自来水，井水用量逐渐减少。

（八）古码头

古码头位于西岙村太平桥南约 400 米处。1952 年以前，这附近还是汪洋大海，属于三门湾的一部分，是良好的避风港湾。西岙三面环山，以前陆路交通非常不便，唯独水上交通便捷。可将当地物资运往舟山、上海、温州、厦门、广州等地。一旦台风来临，码头外就会停泊着数百艘船只避风。

岁月流逝。昔日帆樯林立、舳舻相接的港口，曾经熙熙攘攘、车水马龙的码头现在已经沉寂下来，古码头已完成它的历史使命。如今，这里成了村人垂钓休闲的好去处，亦是车岙港水库旅游开发、游艇停泊的好地方。

（九）古驿道

西岙村的古驿道有十多条。共同特点是都用鹅卵石铺面，都是山坡路、山岭路。目前保护较好的有四条。

集福寺古道。太平桥—沙头庙（外庙）—惠德桥—大成殿—祠堂桥—大街古道—实肚桥—牌坊—水珠岩庙（里庙）—寺前桥—集福寺，全长约2千米。

马岙岭古道。集福寺—200米左右的田间古道—上山古道—横山古道—下山古道—象山县灵南乡马岙村，全长约3千米。

长坑（长庚）岭古道。西山下店—长坑村—胡陈。上山路长，坡度比较缓，下山路短，坡度比较陡。长约3千米。用鹅卵石和块石铺面，各一半。这是全村现存最好的一条古道。

山洋岭古道。太平桥—更衣亭—徐家溪—山洋岭—胡陈乡南坑村。全长约4千米。

除了上述物质文化遗产，西岙村还有更衣亭、城隍殿、云峰庵（又名新庵）、净土寺（又名里庵）、兴福庙、庙湾庙等古迹，都已被毁。另有太平桥，自清末以来多次被毁又重建，现存桥是2013年重建的。

宁波传统村落田野调查·西岙村

五 非物质文化遗产

西岙村历史悠久，非物质文化遗产较多。饮食方面主要有做米酒和番薯烧酒、捣麻糍（分青麻糍、白麻糍两种）、磨山粉、做番薯面、磨豆腐、晒笋干、制茶叶、盐炒蚕豆等。婚俗方面有择日子、定恳帖、哭嫁上花轿、结婚拜堂、请新郎、相新妇、讨果子等。丧礼方面有吹唱、盘丧、做七、放焰口、拜忏、关灯等。还有一些与节日相关的习俗。以上习俗与宁海地区的习俗大同小异。西岙特有的非物质文化遗产主要有"正月十八夜行大龙"，以及正月、七月、十月不嫁娶，喜日新郎坐首席等与众不同的风俗。

（一）工艺技艺

西岙村手工业方面的传统工艺主要有打铜、箍桶、篾作、酿酒、制醋、制网等，与长街等地基本相同。

西岙村几乎每个月都有一个节日。与节日相对应，比较特殊的饮食工艺有元宵节（正月十四）的团、清明节的青麻糍、四月八的乌饭麻糍、端午节的粽、六月六的麦糕馒头包子、八月初三的印花麦粿、中秋节（八月十六）的风糕、重阳节的糯米麻糍、冬至日的圆等，与长街等地基本相同。

传统宴席有十大碗、十六碗、廿四碗、三十二碗、四盆八碗等。

裹　团

宁海东路长街一带粮食比较多，每个月都有美食节。正月十四夜，当地的人们会裹"团"吃，寓意包包裹裹、团团圆圆、甜甜蜜蜜。西岙也有这个风俗。团皮用三七比的糯米粉和粳米粉用热水搓揉而成。因内中馅料不同，有咸团与甜团之分。咸团配料丰富，萝卜丝、猪肉、香干、虾仁、冬笋等剁细后炒熟，都可以做馅料。咸团以横包居多，口部搓绳状。甜团相对简单，通常是豆沙馅，故又名"红豆团",团包好后形状像梭子,又称"蹲地团"。

(二)民俗风情

1. 正月十八夜行大龙

西岙"正月十八夜行大龙"是一种古老的民间龙信仰活动。以制龙、行龙、祭龙等形式,强调龙的形象、龙的神威以及它与人的亲和关系,表达当地人对龙的感情,祈求龙能为他们带来风调雨顺和吉利平安,激励家族子孙要像龙一样积极进取、奋发向上。

"行大龙"历史悠久,代代相传,远近闻名。春节在西岙算是"过小年",正月十八这一天,西岙人才真正开始过大年。这一天,外出的西岙人一般都要回家,亲戚朋友也都挑在这一天来西岙拜岁。

相传宋宝祐元年(1253)八月初三,陈氏十一世祖文纬公官居右司郎中,退老而归,道经扬子江,忽然乌风猛暴,白浪滔滔,船无法航行。文纬公大惊,跪船仰天相告:天公,我能回家一次已是千辛万苦,祈求让我平安回乡,正月十八这天必定世代敬奉您。此时江中突现青色和黄色两条神龙,龙头扛船,护舟而行。文纬公马上叫侄子依样画下二龙形象,回到家乡立刻叫人制作两条大龙,并定下规矩:每年正月十八日夜间,做大戏,抬大龙,放龙出游。

西岙"行大龙"以观赏为主,表演为辅。表演方式一般为转圈子、游动和盘体等。因为龙体庞大,游龙时两条龙总共需要近100位健壮男子用肩膀抬着游走,所以也叫作"抬游龙"或"抬大龙"。

每年秋收后,村民开始制作龙灯,筹备鼓亭、龙旗、龙牌等仪仗。待到来年正月十八晚上八时,在绚丽的烟花和震天的鞭炮声中,两条大龙通体发光、双目圆睁,由近百个统一身穿金黄色镶红边丝绸服饰的青壮年,一对一并肩抬着长龙徐徐腾起,分别从祠堂和龙场(坛)出发。长龙队伍浩浩荡荡,前有大锣和大龙旗开道,并由数十名手持龙叉龙刀的壮士护卫,后有鼓亭队、锣鼓队、火铳队护送。表演者步伐协调、力量统一,并用大小鼓钹、喇叭等乐器吹打《将军令》《杨柳青》等乐曲，在起伏之中表现巨龙的威严和雄姿。

两龙各自绕村而游。黄龙的路线大致是：祠堂（出发）—村民公园—大街—古墓前（转弯）—沿河路—村民公园。青龙的路线大致是：龙场（出发）—村民公园—惠德桥—泗洲沙头庙（返回）—村民公园。在村民公园两龙相遇，表演交欢，再分两路到田地中踏青，从一块丘田上，再从另一块丘田下，直至踏遍所有能及的地方。在村民的意识里，凡是大龙经过的地方，不管是房屋、家人、禽畜，还是道路、田地、庄稼、果树，都能得到大龙的赐福。抬龙踏青后从村东开始再绕村庄走一圈，称为巡村。绕过一圈后，又分头至村南的泗洲沙头庙（俗称"外庙"）拜老爷，举行祭龙盛典。村民还会宣读祭文，祈祷龙神保佑村里百姓平平安安、健康幸福。接着两龙一前一后回来，重新被供奉于祠堂内。晚上10时，行大龙结束。"上半夜抬龙，下半夜看戏"，村里的传统是抬完龙后唱大戏，有时会一直唱到天亮。

活动中，最引人注目的是两条巨大的龙灯，通体由竹木编织、彩纸装饰，融竹编、木雕、彩绘等传统工艺于一体。龙的外形集九种动物的特征于一身，龙头似牛、嘴似驴、眼似虾、角似鹿、耳似象、鳞似鱼、须似人、腹似蛇、足似凤，形态逼真。

"正月十八夜行大龙"每年举办，声名远播周边各县市，是西岙村也是附近十里八乡的一大盛会，每年都会吸引上万人前来观看。宁静的古山村成了人的海洋、灯的世界，一片喧腾，到处呈现出一片喜气洋洋、年味十足的新气象。当抬龙穿过古村时，家家户户都会在门口上香、摆贡品、祭酒、烧纸钱，争着挤在门口磕头膜拜，祈求"吉祥如意、太平无事、风调雨顺、粮食丰收"的美好愿望实现。

西岙抬龙曾多次参加中国（宁海）徐霞客开游节大巡游。2008年应邀在上海民族民俗民间文化博览会上表演，多次受到各大媒体的宣传和报道。

西岙"正月十八夜行大龙"习俗源远流长，2006年被列入宁海县非物质文化遗产名录，2010年被列入宁波市非物质文化遗产名录，2012年被列入浙江省非物质文化遗产名录。

2008年，陈万珍被确定为"行大龙"这一非物质文化遗产的主要传承人。

2. 尊祖习俗

西岙村历史悠久，各种信仰交流碰撞、融合共存。西岙村内尊儒、尊祖、礼佛、敬神并存。每家每户中堂后壁都建有三个神龛，俗称"太公棚"或"佛棚"，中间奉观音菩萨像，左龛奉本宅土地神像，右龛奉历代祖宗牌位。神佛与祖宗同处一室，体现了中国传统文化的包容性、多样性、开放性。

西岙人崇尚祖宗，膜拜祖宗，把祖宗视同神佛，坚信祖宗与神佛一起能够保佑自己一生平安、全家幸福。尊祖行为主要表现为奉祀祖位、祭扫祖墓、修纂宗谱、营造宗祠。

奉祀祖位

各家各户中堂后壁右龛奉历代祖宗牌位。祖宗牌位一般刻有高、曾、祖、考、身五代，五代以上者送入宗祠奉祀。龛前各有一尊香炉和一个蜡烛台。菩萨像、土地神像、祖宗牌位上面分别写着"礼佛""敬神""尊祖"等字。菩萨像两边一般贴着一副对联，写的是"座下莲花三月景，瓶中杨柳一枝春"。左龛土地神像旁边写着"神功永扶千载盛"，右龛祖宗牌位旁边写着"祖德长保百代昌"。

每年的清明、七月半、十月半、年底都举行祭祀，俗称"请太公"，也叫"四季羹饭"。请太公时，一般人家设两桌。一桌设在中堂，请本家列祖列宗；一桌设在道地中，请亲戚祖宗。也有人家设三桌，这第三桌设在大门外或路边，请过往客祖客宗等。每桌摆五荤五素十碗菜肴和两盘麻糍，三边各排两行盅，每行四只，前行盛酒，后行盛饭，并于每边配放四双筷子，空的一边插一双蜡烛，蜡烛中间插三炷香。接着敬酒三巡，叩拜三次。然后烧纸钱。最后将桌上的一盅酒洒在地上（俗称"滴散"），桌上每碗祭品取一点抛撒掉，即祭祀完毕。无论贫富，奉祖位、请太公时皆不敢怠慢，可谓"祖宗虽远，祭祀不可不勤"。

祭扫祖墓

每年清明前后家家备纸幡、祭礼上祖墓祭扫，俗称"加坟"。加坟时先在坟顶加上一大块新土，并插上纸幡，再清理好坟前杂草，摆上十只盅（分两行，里行盛五盅酒，外行盛三盅饭两盅芥菜羹），五双筷子，一盘青麻糍（五块），一盘菜肴（一般为笋、蛤蜊、肉、蛋、豆腐），插一双蜡烛、三炷香，然后叩拜。

待酒敬三巡后烧纸钱，最后滴散，大家分食祭品。

一般较大的氏族，皆建有本地始迁祖及始迁祖下各房房祖（即二代祖、三代祖等）之墓。每至清明节，全族及各房联宗祭扫，祭礼一般用猪头、鸡等。祭扫完毕，裔孙们在墓前分麻糍、禽蛋，并在祖墓附近野餐，俗称"坟头散"。旧时，始祖和房祖墓还有祀产，俗称"众家田"，所产供祭祀所用。

清明节当天，全族老少都集中在宗祠内举行祭祀祖宗仪式，同时做道场，施焰火。

修纂宗谱

谱牒可补志书、史册之余，为历史的一大支柱，一向为史家所重视。西岙村的《西洲陈氏族谱》民国版属于活字印刷本，保存完整，载有历代诗文和不少史料，很有参考价值。

宗谱记述本族姓氏历史，以宗支派系为经，传记、文藻、世泽、祀产为纬。主要内容有：

序文，敦请当时的名士和修谱师叙述本姓氏源流、迁徙考略及纂修宗谱宗旨，反映氏族历史和历次修谱概况。

凡例，阐明纂修宗谱体例。

诰命、遗像，借以光宗耀祖。

行第，俗称排行，有四言句、五言句，借以昭穆长幼有序，俾后世子孙排辈、取名。一般取名把排行作为名的第一个字。比较特殊的是，西岙陈氏的行第中，除了通常使用的名行以外，还有字行。根据《西洲陈氏族谱》记载，从始祖开始，共排列了五十三世的名行和字行。据2018年调查，最大的辈分是第三十一世，最小的辈分是第三十五世。不过，从中华人民共和国成立开始，照名行取名的做法已经逐渐淡化，而字行已经不用。

世系，为宗谱主体，自始祖而下，分支别派，依次以红线承续，是反映子孙繁衍盛衰的图谱。世系有两类：一类是苏氏式，即在世系中记载生卒、配偶、功名、官秩等；一类是欧阳氏式，即将生卒另列于"世略"。

世略，记载本族每个人生卒、配偶、子女、功名、官秩等。

世秩或世荣，记载本族列祖官爵、功名、恩荫和简历。

世德或世泽，记载本族列祖中德行高尚，事业有所建树，或恩惠泽及乡里者。

世福，记载本族公有的祠堂、祀产等。

世藻，记载本族人和乡贤名士题的诗文，反映当时当地的世事、人情和自然景观。

祖训或族规，是告诫子孙恪守伦理道德的。

杂志或杂记，记载本村族变化、灾异、地舆、风俗、物产、古迹、逸事等。

营造宗祠

宗祠是宗族祭祖活动的中心，与外庙同为西岙村两大辉煌建筑。西岙村古祠保护最完好的是四大名宗祠，始建于南宋咸淳三年（1267），后被毁，今在原址旁边重建。

3. 佛教信仰

西岙村北面集福寺的建寺时间比西岙村还早，始建于后晋，历史上几经兴废，一直保存至今。集福寺在长街地区非常有名，香火一直很旺盛。当地村民说集福寺的菩萨很灵，有求必应。许多农户家里信仰佛教，平时礼佛、供佛、济僧、烧香、念经、吃素。各家各户中堂后壁的"太公棚"，中间最重要的位置必定供奉观音菩萨像。

4. 敬奉神仙

西岙村有里庙、外庙、羊祜殿等。外庙指泗洲沙头庙，供奉侯王大帝、龙王菩萨、土地公公和土地婆婆。里庙指水珠岩庙，中间供奉着一个牌位，上书"敕封西洲水珠岩庙当境至尊神之座"，主要供奉侯王大帝、土地公公和土地婆婆。平时也香火不断。村民主要来此祈求神仙保佑平安幸福、少病无灾、事事如意、逢凶化吉、遇难呈祥。

羊祜殿建在白岩山山顶。此地是西岙村的制高点，也是长街镇最高峰。宁海各地有许多个羊祜殿，都是为了纪念西晋时期的大好人、著名政治家羊祜。

羊祜个性正直无私。他最主要的功绩是帮助晋武帝灭了东吴，统一了中国。羊祜病故后，晋武帝根据羊祜生前的建议，重用他所推荐的杜预和王濬。

我们吴地的后人为什么要为灭吴的敌将设庙祭祀呢？主要原因有：一是原东吴军民感恩羊祜。羊祜在镇守襄阳、隔长江同吴国对峙时，对边境地区的吴国人民实行怀柔政策，普施恩惠，深得民心，有十几万的吴国人民闻风叛逃到他的领地定居。羊祜去世时，吴国军民都为他落泪。二是东吴君主孙皓荒淫无道，民心尽失。吴国灭亡后，吴国人民非但没有亡国之痛，反而认为晋军是正宗的"王师"，是解放者，"解民于倒悬"，感谢羊祜的恩德。三是西晋灭吴以后，对原东吴地区继续实行怀柔政策，民众普遍认为这是羊祜的功劳，是羊祜的意见得到了晋武帝的肯定。四是宁海建县得益于羊祜灭吴大计。西晋统一中国，于公元280年设立宁海县。这是宁海建县的开始。总之，因为感恩羊祜，包括宁海县在内的原东吴地区的百姓世世代代敬奉羊祜为神，在许多地方设立"羊祜殿"。羊祜从一个良臣，成为一个圣神。

宁海长街一带的老百姓都说白岩山山顶的"羊祜相公"很灵，保一方平安，有求必应。在过年过节和羊祜相公生日时，许许多多的村民会自发来到这里，祭祀这位泽被后世的"神人"，既是为了感恩，又是为了祈求羊祜在天之灵能够继续保一方平安。村民到羊祜殿求医、求财、求功名，还为婚丧造房拣日子等，据说"羊祜相公"有求必应，百无禁忌。此外，还有出海的村民及家人到羊祜殿祈求平安。

5. 特殊风俗

正月、七月、十月不嫁娶

这是西岙村特有的风俗。这个风俗的实际后果是，西岙村人大多选择在十二月扎堆结婚。于是在十二月份，家家户户几乎都在喝喜酒。亲朋好友多的人家，喝酒只好派代表。而在正月或其他月份，西岙村几乎没有喜酒喝，既不娶新妇也不嫁女儿。这个风俗有个特别的来历。

相传南宋时期，西岙有个姑娘叫陈肖娘。她父亲陈文绪没有儿子，只有她一个独生女儿。陈肖娘原定正月出嫁，但是远在外地做官的父亲接到家信后，回信说因故不能按时回家。陈肖娘认为父亲不在家，自己就不应该结婚，否则就是不孝。于是与男方商量，重新挑选吉日，改为七月份出嫁。当时通信不方便，好不容易等到父亲的回信，却说七月份还是不能回家。于是又改为十月份出嫁。父亲回信说，还是不能按时回家。陈肖娘认为，既然父亲不能回家主持自己的婚礼，自己就不结婚。后来，她考虑到父母只有自己一个独生女，怕父母老了没人照顾，于是决定终身不嫁，一辈子侍奉父母。后来，她就真的一直未嫁。一方面侍奉父母直到终老，一方面代替老父老母养育教导比自己小三十岁的弟弟陈还翁。陈还翁原是其叔祖父叶梦鼎的小孙子，后来过继给陈肖娘家作其父母的继子。

陈肖娘因此成为西岙村孝女的典型。为了学习她孝的精神，西岙村就留下了这个农历正月、七月、十月这三个月不嫁也不娶的风俗。也有把这个风俗叫作"老大日"，"老大"的意思是"大姐"。西岙人世世代代记住这个"大姐"，记住这位大姐孝的精神。

喜日新郎坐首席

按照宁海东路的风俗，结婚当天晚上的酒席是正餐，大舅爷最尊贵，坐在首席，即中堂东头第一桌最北面的位子（方言叫"东头一"）。但是在西岙村，结婚那天的首席是"新郎官"坐的。大舅爷坐中堂东头第一桌"东头一"的时间是结婚第二天的"送行酒"上。

传说当年，右丞相叶梦鼎回家结婚。当天晚上，大舅爷为了表示对叶丞相的敬重，把"东头一"的位置让给了做丞相的新郎官。从此以后，这就成为西岙村新的风俗习惯：喜日新郎坐首席。

后来也有人怀疑这个故事的真实性。一是叶梦鼎结婚的时候还没有当上右丞相。二是当时叶丞相已经改名换姓，要回家结婚也应该是在上宅叶家，而不可能在西岙。可能是古时西岙村某一个官员回家结婚发生了这个事，后来故事的主人公慢慢变成叶丞相。

（三）民间文学

1. 传说故事

樵夫遇仙记

西岙村村北的白岩山前，有一块紧靠斜坡的像棋盘一样的岩石，据说是仙人在此下棋的遗迹。传说古时，村中有个叫王子的樵夫，以打柴为生。一天，他在打柴时看见两位白发苍苍、胡子飘飘的老人在岩石上下棋。爱好下棋的王子丢了魂似的，放下柴刀，待在旁边看棋。一位老人对他说："你应该回家了。"可是王子想看完这局棋，就赖着不走。两位老人一边下棋，一边吃桃子。王子觉得有点饿，就捡起老人丢下的桃核啃起来。王子在看棋时，见到山下的庄稼一会儿变青，一会儿变黄，黄了又青，青了又黄。两位老人仍不分胜负，其中一位老人对王子说："你现在可以回家了。"王子准备回家，可是柴刀不见了，回家的路也找不到了。一位老人随手折下几根茅草秆折成草马，叫王子骑马回家，并且特别嘱咐："见到亲人可以下马，没见到亲人不要下马。"王子回到村庄，发现村庄变化非常大，找来找去找不到自己的家。这时，看到墙弄里走出来一位手持拐杖的老太太，就连忙上前打听："请问老太太，王子的家在哪里？"老太太回答："我们村没有这个人"。王子又问："王子的儿子王千在家吗？"老太太想了一会儿，说："王千是我老头王丙的爷爷。我小时候听说王丙的上代太公斫柴度日，有一日上山后就不见回来……"老太太话没有说完，王子就不见了。

兰头山被千刀万剐

西岙村群山环抱，俗称"燕窝地"。整个长街地区的山头都倾向西岙，只有兰头山的山头倾向海洋。传说天上的玉皇大帝曾多次降旨要其转向，兰头山就是不听。这可激怒了玉皇大帝，定了其一个"千刀万剐"的酷刑。从此，兰头山就年年月月被剐，直到现在还没有剐完。兰头山那被剐出来的石板、石条、石块，运销各地，造福了人类。那被剐空了的石宕，雄奇迷离，宕里有宕，宕上有宕,宕下有宕,宕的左右前后都有宕,宕宕连通,简直是一座迷宫。石宕壁高千尺,仰望宕口,人不禁头晕目眩;水宕深不可测,宕水碧清冰冷。比较有名的有方宕、酒缸宕、大蛇洞宕、貘狸洞宕等。当年的方宕里,有石桌、石凳、石眠床、石戏台等,冬暖夏凉。要进入方宕必须经过一个圆形石洞。圆形石洞外是一条一丈宽的石水沟,只有在洞口放下吊桥,人才能进去。进入此宕,没有人不惊叹。

金纺车

西岙四周山上有不少奇特的岩石,如缸盖岩、棋盘岩、麦粿岩、蛤蜊岩等,多因形取名,饶有情趣。村口西侧山冈上的缸盖岩,看上去就像一口大缸上面盖着一块大盖板。传说缸内藏着金纺车,每到阴雨绵绵的春天,耳朵贴近岩石,便会听到仙人在里面纺纱的声音。这块缸盖,凡人是无法打开的,除非是能一口气从山脚跑到山顶的健儿或长着一脸白胡须的女子,才能打开缸盖得到金纺车。

2. 叶梦鼎的传说

乌龙盘柱

过了年,陈吉甫七岁了。七岁,对小吉甫来说特别有意义。因为算命人说他一出生就犯了"外婆关",要到七岁满关,才可以到舅舅家去拜岁。

小吉甫跟妈妈第一次来到舅舅家拜岁。舅舅是尚书之后,住的房子雕梁画栋。小吉甫一到舅舅家,看到那么漂亮的屋柱,高兴极了,直接奔向柱子,两手一抱,没几下就爬了上去,滑下来又爬上另一根。舅舅没有孩子,见小外甥玩得开心,也高兴得合不拢嘴,不停地叫着"当心,当心"。只见小外甥身穿黑色衣裤,脚穿黑色布鞋,头戴黑色帽子,一上一下不停地爬柱子。舅舅猛然想起昨天晚上做的梦,不禁脱口而出:"乌龙盘柱。"原来,舅舅昨天夜里梦见一条大乌龙在自家的屋柱上绕来绕去,吓得"啊"的一声惊醒。舅妈安慰说,乌龙降到自己家,必有贵人来临。舅舅将信将疑。眼前这小外甥爬上爬下的样子,不正应了梦里的情境吗?舅舅高高兴兴地抱起外甥,经大家提议,他留下外甥当儿子,并为其改名叶梦鼎。接着,舅舅请了一位宿儒来教叶梦鼎,望甥成龙,重振家声。

归云洞读书

　　西岙村有个归云洞，洞外古木参天，洞前有个龙潭。据说，叶梦鼎一直在这个清静的地方读书。后人为纪念叶梦鼎，给归云洞添了一个名称——丞相读书处。

　　据说叶梦鼎在归云洞读书时，有一次读到深夜，想烧饭充饥，却发现炉膛里的火种全熄灭了，无法生火，便提着灯笼到山下去讨火种。古时，村里的人们为了赶集，半夜就起来做饭了，叶梦鼎到村里时，差不多已家家亮起灯火了。叶梦鼎敲开一户人家门讨要火种。不料屋里的人听完他的来意之后都大笑起来，弄得叶梦鼎一头雾水。屋里的人指着叶梦鼎的灯笼说："你这灯笼里点着的蜡烛不就是火种吗？"叶梦鼎这才恍然大悟，随后自嘲："早知灯是火，饭熟已多时。"可见其读书的专注程度。

　　一次夜里，叶梦鼎读书时内急，出洞见一大头鬼立于厕边，头如箥箩，眼如铜铃，嘴如畚斗，披头散发。叶梦鼎拿起灯笼仔细照了照鬼的脑袋，并且拍拍其头说："小鬼好大头。"小鬼回答："丞相好大胆。"就不见了。

　　第二天，叶梦鼎下山路过一座小庙，庙里落下一纸，上面写着"小神无礼，充军千里"。叶梦鼎改"千"为"十"，说："一时无礼，何必千里；充军十里，小惩可以。"这一夜，天下暴雨，竟把这座小庙冲毁，庙里的"小神"刚好被冲了十里路程，搁在西张中堡溪樟潭滩边。当地的人们把神像捞起来，把小庙建在樟潭滩边的小山顶上，此庙至今尚存。

救　龙

　　传说天台九龙潭有条苍山龙，有一年，它变成人进京去讨封。

　　一日早朝，文武百官都已上殿，苍山龙在午门外报说："天台九龙潭苍山龙讨封。"万岁问贾似道天台是否有九龙潭。贾似道眉头一皱，心想：我在朝为相，天台人进京不先来我家拜我，今日看你怎样下台。眼睛一白，胡子一捋说："皇上，臣是天台人，只听说苍山有九只牛屙潭，没有听说过九龙潭和苍山龙。"

　　万岁一听，怒了，拍桌说："何方妖龙，竟敢清早击鼓闯宫，与我绑来斩了。"

　　武士绑苍山龙入殿，叶梦鼎见它相貌堂堂，威武雄壮，跪下来奏道："我主万岁，天台有苍山，苍山有九龙潭，九龙潭住着苍山龙，臣早就听说过。请万岁刀下留人。"

万岁转念一想，长长地叹了口气，说："异类讨封，为安抚百姓，朕封它为神龙。"

皇帝圣旨一下，说它是神龙，苍山龙便显形了。这时，平地冒出一缕青烟，苍山龙腾空而去，空中响起："谢万岁——"

<h3 style="text-align:center">好一个"尿童"</h3>

当初，叶梦鼎与贾似道同道上京赴考。因为是同乡（宁海县当时属于台州府），途中两人同桌吃饭，同床睡觉。一天夜里，叶睡里面，贾睡外面。半夜，叶要撒尿，贾说不用起来，我将夜壶（古代尿壶）提上。叶撒完尿后开玩笑说了一声："好一个尿童。"在台州方言中，"尿童"的发音与"书童"相同，贾认为受到了侮辱，从此暗暗记恨在心。

后来，叶梦鼎又为苍山龙讨封为神龙，贾似道再次记恨在心，因此处处发难排斥叶梦鼎。叶梦鼎的老师郑霖又深恶贾似道弄权于朝，网罗党羽，就拒贾于千里之外。后来贾似道听说郑霖在故乡胡陈港上游造桥，认为机会难得，如果能借此机会除掉叶梦鼎的老师郑霖，一可雪"尿童"之耻，二可解苍山龙封神之恨，三可报郑拒己于党羽外之仇，真是一箭三雕。贾似道竟以莫须有的罪名诬告郑霖"私自建造新城'皇宫'（黄公渡），南设午朝门（五屿门也称五潮门），'积粮'（沥洋）聚众，图谋不轨"。"积粮"与"沥洋"（村名，即今力洋）发音相似，贾似道故意把当地的多处地名与方言混淆在一起，说得云里雾里。皇帝听信谣言，下诏捉拿郑霖进京，定在午时三刻斩首。

苍山龙惊闻郑霖要被斩首，为澄清冤情，以正视听，揭穿贾似道的奸计，急急忙忙抓起两根桥梁，飞向京城去作证。由于这两根桥梁太重，飞得太慢，在飞过天台山顶时丢下一根，便成了石梁飞瀑的那一根。当苍山龙赶到京城时，已过午时三刻，郑霖的人头已落地。苍山龙悲痛至极，当即暗暗发誓："雨落宁海，雹打天台。"此句后成为历史佳话。

事后，皇帝得知有桥梁为凭证，又看到郑霖自割俸禄、解囊相助筑桥的遗表，才明白真相，昭雪了郑霖之冤，并赐金头三十六颗，作为嘉奖，分别在郑霖任职的各个地方筑墓，共计三十六个，其中一个就在西岙。

雄伟壮观的四十八洞桥，是郑霖以生命为代价建造的，意义非凡。人们对郑霖刚正不阿的品德非常崇敬，用富有哲理、深情动人的民间传说一代代地追思郑霖造桥的千秋伟业，同时，精心保护着四十八洞桥的风貌。1998年，该桥被评为宁波市十佳名桥。

救蜈蚣

传说有一日，一只雄鸡追啄一条蜈蚣，蜈蚣无处藏身，四处乱钻。叶梦鼎救了它。蜈蚣感知恩情，也不咬人，乖乖地躺在叶梦鼎的书里。

大比之年，叶梦鼎背着书与贾似道一起上京赶考。两个同窗好友，出门相伴，同餐共宿。夜里，一个睡在床里边，一个睡在床外边。半夜叶梦鼎要撒尿，贾似道递过尿壶，叶梦鼎撒了尿，逗趣说："好一个尿童。"贾似道听了脸色铁青，怀恨在心。殿试时，叶梦鼎试卷上写错一个字，缺少一点，这时，躺在书中的蜈蚣偷偷蘸了一点墨爬过去，把这一点加了上去，结果叶梦鼎中了状元。叶梦鼎知道这事，就把蜈蚣当作宝贝，藏在帽子里，天天带在身边，贾似道呢，只中了第二名榜眼，心中很是不服。

几年后，叶梦鼎报国忠君，赢得满朝文武信服，做了右丞相。

但存方寸地

南宋贾似道当权时，一方面外敌压境，国土吃紧，另一方面，贾似道强推"公田""推排"法，勒索租税，强收民田，朝野议论蜂起。一次，贾似道为笼络人心，请朝臣马廷鸾、叶梦鼎饮宴。酒过三巡，贾似道出酒令说："我有一局棋，付与棋师，棋师得之，送我一联诗：自出洞来无敌手，得饶人处且饶人。"

原来马、叶二人对贾所作所为早已心中不满，贾借机作弦外音，意思是说，朝中唯我独尊，请你们识相点。

马、叶二人听了自然心里明白，偏不买账。马先对道："我有一钓竿，付与渔翁，渔翁得之，送我一联诗：夜静水寒鱼不饵，满船空载月明归。"意思是任你费尽心机，我是不会上钩的。轮到叶梦鼎，因其生性耿介，更是直言道："我有一张犁，付与农夫，农夫得之，送我一联诗：但存方寸地，留与子孙耕。"意思是警告贾似道，坏事不要做绝，否则要成为千古罪人，殃及后世子孙。

贾似道自取不快，三人不欢而散。

试神童

相传叶梦鼎告老还乡后，路过西仓岭，在岭头凉亭里歇息。正坐着，忽然听到有上岭的脚步声，抬头一看，发现是个孩子，就招手叫他在自己身旁坐下。

孩子名叫林待用，西翁村人，今年刚满十岁，从小好学，已经熟读不少经书，今天从西仓外婆家做客回来。

叶梦鼎问了孩子的姓名、住所、家中情况，想试一试孩子的文才，便对孩子说："你刚才说已学过对对子，我说个上联，你对个下联，好吗？"孩子点了点头。

这时，一阵寒风吹过，篱边绿竹窸窣作响。叶梦鼎触景生情，便说："笋出篱边何日得成林待用。"

林待用抬头一笑，便指着岭上寒梅对道："梅开岭上那时又见叶先生。"

叶梦鼎见孩子才思敏捷，寓意双关，对得贴切，便哈哈大笑，携起林待用的手，迈步上岭。

（以上传说故事皆由田旭搜集整理）

3. 山 歌

山歌作为一种民间口头文学——民歌的一种，广泛流传于西岙村及西岙村周边地区。就其形式、内容等方面来看，不同于一般民歌：它是有一定曲调的、多由牧童们对唱的，富有趣味性、知识性、乡土性的民歌。

源 流

西岙山歌源于何时，尚难考证。据九十多岁老人回忆，他们在十来岁放牛时，经常要斗山歌，一斗就斗上半天。可见斗山歌活动在当时是很平常的活动。在山坡上下，在河港两岸，各村的牧童摆开阵势，放开喉咙。一方先挑战，俗称"开山门"：

> 百样草，百样脑唆唻，
> 百样山歌啰唻，啦咿唻，好唱了唻；
> 借你老爷红朱笔点点阵吵唻，

　　　　百样山歌开山门。

另一方马上会接上：

　　　　你斗山歌我接腔唆唻，
　　　　你背铜锤啰唆唻，啦咿唆唻，我背枪唆唻；
　　　　你背铜锤滚滚圆唆唻；
　　　　我背刀枪闪闪亮。

如果另一方未接腔，这一方会继续挑战：

　　　　那边小鬼吭不胆唆唻，
　　　　让我㧱来啰唻，啦咿唻，好锯板唻；
　　　　锯来锯去吭不板唆唻，
　　　　赏你牛屙当夜饭。

　　山歌一经开头，就你来我往，此落彼起，斗个难分难解，尽兴才止。斗山歌活动，直到中华人民共和国成立之初还很普遍，深受牧童喜爱。

　　西岙山歌的曲调比较单调，而且轻快流畅，易学易记易唱。最基本的曲调是这样的：

```
3 2 3 2 3 | 1 6 2 | 1 6 2 | 2 1 6 | 6 2 1 2·|
什么 开花  节节高， 节节高  唆  唻  什么 开花
6  5  | 6 1 2 | 3 2 1 | 1  0 | 6 2 1 2 |
啰  唻，  啦咿唻， 像弯刀  唻。    什么 开花
6 1 2 | 2 1 6 | 5 5 6 5 | 6 2 1 ‖
头向 下，  唆  唻， 什么 开花  一簇毛。
```

　　由于西岙山歌有固定的曲调，适宜对口唱，又为男女老少所熟悉、喜爱，因而在中华人民共和国成立后曾几度被请上舞台。农业合作化时，塘里村编排了一出反映当时农村阶级斗争的山歌小演唱，参加了县会演；"文革"后，西岙村的山歌小演唱《送瓜》一直唱到省城，轰动一时。

形　式

　　西岙山歌同大部分民歌一样，基本上是四句、七言、三字尾的格式，除了衬字，其节拍总是"二——二——三"，少数多于七言的句子，也唱成这个节拍

或"二——二——二——三"的节拍。这类格式的山歌中,有一种第一句是由两个三字句组成,很像《捣练子》,如:

> 大城塘,稻叶黄,
> 稻叶麦粿请山隍。
> 山隍土地还未到,
> 看牛大王吃掉精打光。

> 鲳鱼扁,马鲛长,
> 花鱼身上带刀枪。
> 鲍鱼头戴花凉帽,
> 墨鱼头上一簇毛。

这种格式的山歌约占已搜集到的西岙山歌中的三分之一。此外,还有两句格的,类似信天游。这种格式的西岙山歌不多,只有几首解歌,曲调同四句格的前两句。

西岙山歌基本押韵,且大多押平声韵,这大概是因为平声便于放声歌唱吧。押韵方式大致有两种,一种是一、二、四句押韵,这同大多数民间歌谣一样;另一种是一同二句、三同四句两两押韵,如:

> 青珠山,糊苔苔,
> 动雷一响雨就来。
> 蓑衣笠帽囥(藏)弄堂,
> 雨打牛毛两边披。

> 你也来,我也来,
> 你讨老婆我做媒。
> 你生儿子我有份,
> 儿子读书我高兴。

西岙山歌从形式看,可分为三大类型。

第一种叫散歌。散歌一事一歌,内容彼此不相关,都由四句组成,如:

> 国公鸟,各自飞,
> 无爹无娘自己飞。

飞到山里跌跟头，
飞到城里着缎绮。

塘里村，尸坟墩，
尸坟墩里活尸人。
夜里爬起点鬼灯
日里躲掉无处寻。

第二种叫对歌。顾名思义就是一问一答的形式。对歌的"问歌"像做谜，"答歌"像猜谜，比较有趣。这类山歌为数不少，如一方唱道：

搞嗨（什么东西）开花水中心？搞嗨开花像银盘？
搞嗨开花满山红？搞嗨开花像双铃？

对方应该回答：

荷莲开花水中心，茅栗开花像银盘，
喇叭花开花满山红，百合开花像双铃。

在斗山歌时，一方发歌，如另一方对不上，或者对错了，就算输掉了。

还有一些对歌也很有意思，摘录如下：

搞嗨开花像黄金？搞嗨开花满天星？
搞嗨开花九莲灯？搞嗨开花黑良心？
菜籽开花像黄金，草子开花满天星，
菡豆（豌豆）开花九莲灯，倭豆（蚕豆）开花黑良心。

搞嗨开花开得高？搞嗨开花像雪飘？
搞嗨开花做蔬菜？搞嗨开花当茶泡？
米芦（高粱）开花开得高，杨柳开花像雪飘，
金针开花做蔬菜，桂花开花当茶泡。

搞嗨结籽结得高？搞嗨结籽结半腰？
搞嗨结籽成双对？搞嗨结籽水中泡？
米芦结籽结得高，苞芦结籽结半腰，
豆荚结籽成双对，老菱结籽水中泡。

搞嗨鱼头上七股星？搞嗨鱼背脊画麒麟？

搞嗨鱼嘴上两根须？搞嗨鱼有头无眼睛？

乌鳢鲛头上七股星,鲈鱼背脊画麒麟,

鲤鱼嘴上两根须,状鱼(海蜇)有头无眼睛。

搞嗨有嘴不讲话？搞嗨无嘴闹喳喳？

搞嗨有脚嬭走路？搞嗨无脚走天下？

菩萨有嘴不讲话,铜锣无嘴闹喳喳。

板凳有脚嬭走路,大船无脚走天下。

搞嗨水面打天斗？搞嗨水面起高楼？

搞嗨水面撑凉伞？搞嗨水面结白头？

水鸭水面打天斗,大船水面起高楼,

荷叶水面撑凉伞,鸳鸯水面结白头。

搞嗨隆隆响天上？搞嗨隆隆水上面？

搞嗨隆隆大门里？搞嗨隆隆小姐脚头前？

动雷隆隆响天上,水车隆隆水上面,

风车隆隆大门里,纺车隆隆小姐脚头前。

第三种叫解歌。这种形式像拉锯一样你来我往,尽量用歌词中的人和物压倒对方歌词中的人和物,取得胜利。如:

甲:你做红火勿算好,

　　我做一勺冷水把你浇一了。

乙:你做冷水勿算好,

　　我做红猛日头把你晒一了。

甲:你做红猛日头勿算好,

　　我做乌云白云把你遮一了。

乙:你做乌云白云勿算好,

　　我做一阵狂风把你吹一了。

甲：你做一阵狂风勿算好，
　　我做动雷菩萨把你压一了。
乙：你做动雷菩萨勿算好，
　　我做玉皇大帝把你管一了。
甲：你做玉皇大帝勿算好，
　　我做天合地把你合一了。

内　容

西岙山歌是西岙地区的"土特产"，具有较浓的乡土味、劳动味。那些斗山歌的能手，肚里藏有几十首山歌，而且可即景赋兴、临时编唱，因而山歌一开嗓，双方斗起来就没完没了，什么山水草木、花果虫鸟、农活节气等，信手拈来皆成斗山歌的材料。如白纱手巾、铜丝扁担、麻糍麦粿、山隍土地、白白鸡娘、蹩脚猪儿、乌鳢鱼、柴爿花、看牛囡等，真是无所不包。

第一，反映生产生活，如：

　　山歌好唱口难开，
　　枇杷好吃树难栽，
　　白米大饭好吃田难种，
　　圆眼荔枝好吃远路来。

第二，反映气象变化：

　　青珠山，糊苔苔，
　　动雷一响雨就来。

第三，反映农事：

　　三夜油麻四夜豆，
　　五夜棉花出勿透。

第四，反映人际关系：

　　吃酒吃肉多朋友，
　　落难之日亲兄弟。
　　大人亲，勿算亲，
　　失大爱小两样心。

第五，反映清苦的农家生活：

> 青竹弯,毛竹弯,
> 毛竹扁担担牛栏。
> 过路客人问我什昼饭?
> 番薯麦粿蒲鞋爿。

> 看牛囡,矮墩墩,
> 半升米饭还欠吞。
> 虾鱼鲞鲆呒不份,
> 烂掉咸菜囫囵吞。

第六,反映时政:

> 德国人,实聪明,
> 造起飞机咣咣声。
> 飞到东乡掼炸弹,
> 掼下炸弹真伤心。

第七,反映情感:

> 上丘拔秧下丘栽,
> 廿岁表妹送茶来。
> 镴打茶壶银子甩,
> 白纱手巾包杨梅。

  西岙山歌中有好些庸俗的语句,有些语句是令成年人难以启齿的,只有那十几岁的"看牛大王",才敢似懂非懂地、肆无忌惮地唱出来。

  西岙山歌虽属"下里巴人",但也算是民间口头文学中的一束花。它曲调流畅,内容丰富,流传广泛,深受群众喜爱。西岙地区大凡五十岁以上的人,无论男女,都听过山歌,有的还会唱几支山歌;好多六十岁左右的人还参加过斗山歌活动。可近三四十年来,很少听到山歌声,更没有见过斗山歌活动了。不知何故,使这种群众造、群众唱,曾在群众中广泛流传的民间口头文学近乎绝迹。但是,"斗山歌""唱山歌"等词,却已成为西岙人的口头语,人们往往把双方争论不休说成"斗山歌",把说"漂亮话"等嘲讽为"唱山歌"。

4. 儿　歌

牵锯，解锯

牵锯，解锯，油馍，炒菜。
你吃块，我吃块，剩块蓝纱妹。
蓝纱妹，还欠饱，吃顿大柴槁。
逃到牛栏间，一堆烂稻草。
牛屙当馒头，牛尿当老酒，
你某某吃一口。

燕啊燕

燕啊燕，飞上天，天门关，飞上山。
山头白，飞上麦，麦头摇，飞上桥。
桥头打花鼓，桥下娶新妇，
问你新妇多少长？三层楼屋到栋梁，
问你新妇多少大？三间楼屋比出头。
问你新妇啥个嫁嫁来？三块印花麦粿嫁嫁来。
公一块，婆一块，两叔伯姆拼一块。

山里山

山里山，湾里湾，萝卜开花结牡丹，
牡丹娘子要嫁人，石榴表姐做媒人。
媒人到，自相量，花轿到，哭爹娘，
上轿哭三声，落轿拜观音。
拜拜观音堂，花被花眠床，
花踏床，花格窗，大鞋小鞋十八双，
坐到眠床杠，喝碗红糖汤，
红缎被，白夹里，夫妻双双睏被里。

月亮嘭嘭

月亮嘭嘭,小囡归娘(指回娘家),

娘看见,心头肉,爸看见,百花香,

兄弟看见亲姐妹,嫂嫂看见冤家来。

吃爸饭,穿娘衣,翁着嫂嫂嫁资衣,

堂前吃饭后堂嬉,捏把蕉扇赶金鸡。

金鸡赶勿着,赶只老乌鹊,

吭汤熄,带毛嚼;吭刀切,用手掰;

吭箸夹,用心撮;吭盐蘸,淡骨骨;

吭凳坐,戳桌脚。

一罗穷,二罗富

一罗穷,二罗富,三罗卖豆腐,四罗撮狗屙,

五罗骑白马,六罗得官做,七罗磨刀枪,八罗杀爹娘,

九罗九,做太守,十罗十,做大贼,干笃箕,落得嬉。

的的笃

的的笃,从小学赌博。赌博吭本钿,心想学种田。

种田吭麻糍,心想压番薯。番薯二尺六,心想种萝卜。

萝卜像鞋钻,心想种大蒜。大蒜吭人买,心想学老大。老大怕吐浪,心想做和尚。

和尚要拜忏,心想去讨饭。讨饭怕狗咬,心想去割稻。

青裤子,白裤腰,三角凉帽打角翘。

十二生肖歌

老一细丁丁(鼠),老二牵根绳(牛),老三门头大(虎),

老四钻柴窠(兔),老五飞上天(龙),老六倒路边(蛇),

老七笃笃响(马),老八性勿强(羊),老九猢狲精(猴),

老十报天明(鸡),十一屙吃饱(狗),十二连糠捣(猪)。

月节谣

清明吃青草,四月八吃柴脑;

端午吃笋壳包,六月六吃麦糕;

八月初三树头敲,八月十六蒸洋糕;

九月重阳糯米麻糍糕;正月十四裹团;

冬至做圆,三十日夜大团圆。

鱼名歌

正月花鱼尾如箭,比干丞相挖心肝。纣王一心宠妲己,万里江山抛一边。
二月鲨鱼背脊乌,岳飞大战洞庭湖。亲身冒险探豺狼,神机破敌收杨虎。
三月鲤鱼尾巴红,桃园结义三弟兄。关公大刀显威风,古城兄弟喜相逢。
四月黄鱼晒白鲞,包文正叩头认娘娘。两眼花瞎不像样,范仲华封了安乐王。
五月鳓鱼白如银,刘邦手捧鸳鸯瓶。七仙公主来救命,一马之上骑双人。
六月鲐鱼扑扑跳,曹孟德潼关遇马超。关公守住华容道,张飞喝断霸陵桥。
七月米鱼腊腊盐,白娘娘报恩配许仙。法海和尚施奸计,活拆夫妻十八年。
八月鲈鱼肚皮胖,西天取经唐三藏。一路八十一个难,多亏徒弟美猴王。
九月鲊鱼眼睛青,刘彦昌赶考求功名。华山娘娘爱凡人,劈山救母宝莲灯。
十月带鱼白如霜,金兀术追到钱塘江。一匹泥马渡康王,浙江女子尽封王。
十一月塘鳗两头颠,卢俊义不肯上梁山。前番不听宋江话,差点命送恶妇前。
十二月鲫鱼唱完成,吴三桂开关借清兵。李闯王北京坐勿稳,顺治皇帝坐龙廷。

5. 俚 语

俚语,是带有方言性质的脍炙人口的俗话、谚语。在西岙一带,日常生活中,我们随时随地可以听到一些简明、生动、形象化的俚语。这些俚语言简意赅,通俗流畅,朗朗上口,为广大人民所喜闻乐道。它们是西岙人民在长期生活、生产实践中积累的经验结晶。这些结晶通过世世代代口头相传保留下来。不少俚语含有深刻的哲理或科学道理。

西岙口语中俚语丰富,使用频繁而普遍。现已搜集到俚语2000余条。这些俚语与邻近村镇尤其是长街一带大同小异。这里选用思想健康、有实用或研究价值且尚在流传的俚语。

西岙俚语的起源

古书中引用俚语，常用"谚曰""俗云"之类的字样提示，西岙人在言谈中引用俚语，也常用"老辈人讲""人家讲"等开头，这正说明俚语是先前在民间广泛流传的常语俗话。西岙地处三门湾畔，土地平旷肥沃，西岙人民世代以渔耕为主业，因而关于农业、渔业生产方面的俚语最为丰富。

例1，有关渔业生产的俚语：

初三潮，十八水。

廿九十四潮，吃饭把橹摇。

六月蛏，剩根筋。

八月鳗，壮如鸭。

初八廿三蟢蛛粽。

退潮泥螺涨潮蟹。

摇船看船头，耕田看牛头。

例2，有关农业生产的俚语：

四月种芝麻，落地生芽杈。六月种芝麻，脑头开朵花。

七葱八蒜九大蒜。

八月种芥，有吃有卖。

三夜油麻四夜豆，五夜棉花出勿透。

处暑花麦白露菜。

田要冬耕，儿要亲生。

好田难下秧，好囡难做娘。

例3，有关天气的俚语：

雨打天亮头，晒死大水牛。

晚留阳，雨倒场。

一日赤膊，三日头冷死。

春霜难露白，露白要赤脚。

鲎出铜岭岗，廿日北风不肯放。

青珠山戴帽,海水晒燥。

六月打西北,晒死后门桃丝竹。

惊蛰前雷,四十二日大门难开。

芒种勿落雨,紧割大小麦两日半。

这些俚语音律和谐,富有生活气息和乡土气息,它同民歌一样,是广大人民在长期生活斗争、生产斗争中经验教训的总结。西岙自有人烟起,就有了俚语,并随着社会的发展不断地扩增。像"小白眼抵征兵"这句话,就产生于中华人民共和国成立前夕。那时国民党政府抽壮丁,因抽不足壮丁数,就把被称为"小白眼"的残疾青年拉去凑数,结果解上后被退了回来,后又被凑数解上,又被退回,如此多次,就产生了"小白眼抵征兵"这句俚语。直到现在,每当有凑数现象或表自谦时,人们仍常说"小白眼抵征兵"。

中华人民共和国成立后,也产生了一些新俚语,有赞颂的,有讽刺的。例如:

思想通,米甏空。

屁股臀头插红旗。

集体生活磨洋工,个人生活打冲锋。

社、社,水车犁耙摆天下。

子孙千千万,难吃会计饭。

生产体制改变后,一些原先集体中的懒汉,靠投机钻营富了起来,于是又产生了"泥鳅龙发财,田油螺倒楣"的俚语。前些年,橘农和养兔户富起来,又产生了"若要富,栽橘养毛兔"的俚语。

当然,西岙俚语并非全是西岙土产,有相当一部分俚语是由各地传入、符合西岙情况而为西岙人民所接受的。

西岙俚语的内容

西岙俚语的内容丰富多彩,渔樵耕牧、气象季节、人情世故、道德风尚、爱情友谊等无所不揽。不管在什么时候、什么场合,人们都能信手拈来。由此可见俚语所涉及的范围是多么广泛。

第1类,劝导家庭和睦的:

和气生财,驳孽生灾。

三兄四弟同条心,门前泥土变黄金。

吃酒吃肉多朋友,落难之日亲兄弟。

第2类,劝导人们勤劳俭朴的:

三早抵一工。

吃不穷,穿不穷,划算不好一世穷。

土面好求,人面难求。

闲时满,紧时用。

坐吃山崩。

第3类,劝导择友知人的:

好人三个帮,好船三个桩。

人不可貌相,水不可斗量。

人心难托,鸭肫难剥。

轧队无好帮。

第4类,教人虚心勤学的:

若要好,问三老。

拳不离手,曲不离口。

真桐油不荡,真军师不讲。

第5类,劝导对子女要从小教育的:

桑条要从小压。

三岁看到老。

第6类,劝导实行优生优育的:

一男一女是对花,三男四女是冤家。

廿岁生儿同娘老,三十岁生儿刚刚好,四十岁生儿欠生早。

第7类,控诉繁杂人情、买卖婚姻的:

人情不是债,尺四镬挈去卖。

内客(妻子)是个怪,讨来就空债。

第8类,讽喻世态炎凉的:

穷在路边无人问,富在深山有远亲。

人望高头,水往低头。

第9类,嘲讽口是心非的:

糖霜嘴,砒霜心。

对面好春风,背后鬼弄通。

第10类,嘲讽老好人的:

黄泥打墙,两面光生。

饭吃三碗,闲事勿管。

各人自扫门前雪,难管他人瓦上霜。

第11类,劝告一时糊涂的人的:

做贼容易顶缸难。

白布落染缸,一世洗勿清。

嘴好好落行,手好好进房。

做好一世,做坏一际(次)。

第12类,嘲笑贪得无厌的:

若想天赐宝,一世苦到老。

钿财八只脚,一世赶勿着。

贪粒黄梅,喝碗清汤。

第13类,嘲讽做事无恒心的:

三日打鱼,四日晒网。

着起满山红,灭了断火种。

第14类,形容穷人命苦的:

烂田翻捣白,越陷起深。

屋倒连夜雨。

日爬夜奔、蟹酱卤吮不温(浸着吃)。

卖姜老婆吃姜芽,卖扇老婆用手遮。

生意做得兴,雨伞剩根柄。

第15类,反映家庭成员关系的:

生儿防老,积谷防饥。

爹做官,儿享福;儿做官,爹劳碌。

大人忖儿因路样长,儿因忖大人筷样长。

囡哭爹,钻心咬肺;媳妇哭公,黄鼠狼拉屁。

老来无妻,当春无犁。

月里娃娃难耸(抖),新讨老婆难宠。

尊重丈夫自有福,尊重田地自有啜。

老公饭汗啜(吃)出,儿因饭泪啜出。

宁死做官爹,难死讨饭娘。

第16类,反映亲邻关系的:

丈母见郎,割奶渗汤。

邻舍好,好靠老;田邻好,好种稻。

亲眷篮对篮,邻舍碗对碗。

人面长,财面短。

戏,戏,难调朋友妻;坐,坐,难搞(玩)锁。

第17类,带有哲理性的:

过头饭好吃,过头话难讲。

嘴好好请客,嘴坏吃嘴刮。

倒船好老大。

呒不爬过高山,勿晓得平地。

小洞不补,大洞叫苦。

有理走遍天下,无理寸步难移。

横理千条,直理一条。

讲话要看人头,与有理人吵相骂,难与无理人讲闲话。

树怕伤根,人怕伤心。

西岙俚语的特点

传诵在西岙民间的2000余条俚语,大致有以下几个特点:

特点一:知识性。俚语中蕴含着许多宝贵的知识。前人经过劳动、学习、观察、体验,积累了生产、生活等各方面的实际经验,并把这些经验逐一概括成简练的形象化的语言,即俚语。这类俚语的具体内容繁多复杂。农谚教人以气象、季节、农耕、渔牧等生产劳动知识;富有哲理性的箴言教人以道德品质、行为修养等为人处世的常识。如:

春天留阳,大雨倒场,

夏天留阳,晒死老娘。

五月倒水孔,六月断雨种,

　　吃了端午粽,还要冻三冻。

　　夏至日头要落地。

　　雨打秋头廿日旱。

　　九月九,蚊虫叮石臼。

　　白露秋风夜,一夜凉一夜。

这些俚语就很好地反映了气象、季节的规律性。

又如反映月亮升落规律的:

　　初三初四蛾眉月,

　　初八廿三半夜月,

　　十五十六月团圆,

　　二十横横,月上二更,

　　廿五六,月上山头煮饭熟。

"倒船好老大"是百折不挠者的经验,"一男一女是对花,三男四女是冤家"是少生优生的体会,"桑条要从小压"是教子之训,"小洞不补,大洞叫苦"教人应防微杜渐,"戏,戏,难调朋友妻"教人应有道德底线,等等,不胜枚举。

　　特点二:文学性。俚语有一定的文学价值,深受人民群众的喜爱,有较强的生命力。书中的"俗话说",群众中的"老一辈人讲"都属于对俚语的引用。许多俚语还运用了比拟、比喻、对比、对偶、夸张等修辞手法,使丰富的内容配上了多彩的形式。如:

　　比喻:

　　　　好花插在牛屙堆。

　　　　好笋出笆外。

　　　　爷见孙,猫见荤。

　　对比:

　　　　有羹三分熟,无羹七分荒。

　　　　只有丑男独脚勾,吥不丑女挂笆头。

　　　　朋友千个少,冤家一个多。

　　夸张:

十分容貌七分扮,猢狲扮起来好做旦。

三个内家,抵一石谷田蛙蟆。

丈姆见郎,割奶渗汤。

对偶:

鼓不敲不响,话不讲不明。

老人嘴多,小人手多。

佛要金装,人要衣裳。

心坚勿怕壁斜,猛火勿怕青柴。

排比:

吃人家饭,受人家难;捧人家碗,受人家管;着人家鞋,受人家差。

一代亲,二代表,三代假勿晓。

顶真:

大蛇欺小蛇,小蛇欺蚱蜢,蚱蜢欺蛤蟆,蛤蟆欺稻虾。

只怕黄胖勿啜药,啜药不怕你不解钱。

讨饭人难理,理理要三斗米。

俚语总是采用深入浅出的方式把复杂的内容寓于简洁的形式中,它和民歌一样,是流传较广的一种民间文学形式。

特点三:趣味性。许多俚语饶有趣味,发人深思。如讲人无谓忧虑的"好愁勿愁,要愁六月无日头,要愁小囡无搭头";讲人过分小心的"好细意勿细意,裤脱了拉屁";讥人时好时吵的"黄狗老亲家,轧着咬尾巴";讥人自吹自擂的"卖盐人都说自己的盐咸";劝人不要乱讲的"话讲了收勿转,水倒了舀勿转";劝人尊重他人的"啜到八十八,难笑人家头细眼瞎,啜到九十九,难笑人家蹩脚离手";讲人未做先吹的"未拉屙,先呼狗";讥人当官后人心变化的"做着猪娘嘴巴就长起来";讥人偶得一些意外财富的"岩头缝里的屙犯尖嘴巴狗啜";讲人劳而无获的"黄草鸡娘孵鸭蛋,翻来碌去一场空";讲人出了不好主意的"弄叔当家,小屋拆了栽南瓜";讥笑讲的话无人听的"死人讲给棺材听";讥人不改坏习性的"黄狗戒了不吃屙,屙缸头也要旋三圈";讥自讨无趣的"被下讨屁熏";劝自家人别争吵的"牙齿口舌有相争",等等,不胜枚举。这些通俗而形象的俚语,趣而不俗,耐人寻味。

特点四:通俗性。俚语是广大群众生产、生活的产物,是大众的口头艺术作品,且多方言土语,易记、易传、易懂,妇孺皆知,无须解释说明。这也正是俚语久传不衰、为群众所喜闻乐道的重要原因之一。

西岙俚语的结构

西岙俚语一般是一两个短句,而且每句的字数不多。它们的结构大致可以分为以下几类。

第一类:对称句式。节奏鲜明,类似小诗短谣,并大致押韵。大部分俚语的结构形式是这类的。例如:

（三三句）

长木匠,短铁匠。

临上轿,系裤腰。

（四四句）

日靠三餐,夜靠一宿。

日难讲人,夜难讲神。

（五五句）

一礼还一礼,大麦还糯米。

狗不嫌家穷,儿不嫌娘丑。

（六六句）

老公饭汗啜出,儿因饭泪啜出。

单面墙积勿牢,双面墙倒勿了。

（七七句）

呆人自有呆人福,烂泥菩萨住瓦屋。

船到桥门自会直,勿用老大多着急。

第二类:长短句式。有节奏鲜明、韵律清新的特点。例如:

硬对硬,铜锤对铁鬶。

种像种,饭蒸像水桶。

牛耕田,马吃谷,阿爹做官儿享福。

船帮船,水帮水,撑船老大帮水鬼。

百病百药,憨头吃不药。

爹有娘有,不如自己怀有。

好心事勿心事，要心事棺材里无处拉屙。

第三类：单句式。这种俚语字数不一，以四到七字居多，读起来铿锵有力。例如：

（四字句）

问客杀鸡。

蟹落滚汤。

（五字句）

点灯生太婆。

粗纸夹花线。

（六字句）

屙缸里汰肥杓。

嗳着勿如坐着。

（七字句）

千钿难买自中意。

烂了冬瓜好肚籽。

第四类：歇后语式。这些俚语常显示出幽默讽刺的特点，可产生更好的艺术效果。例如：

石板地上掼乌龟——硬碰硬。

麻袋里格钉——里戳出。

狗拿老鼠——多管闲事。

癞头花旦做戏——吃力勿讨好。

烂田翻捣白——越陷越深。

人们在使用这一类俚语时，常常只讲"石板地上掼乌龟""麻袋里格钉"，而省略"硬碰硬""里戳出"。

西岙俚语的作用

首先，俚语是广大人民生活、生产的产物，能给人们的生活、生产以必要的启发和适当的指导。如"廿五起水，二十下岸""风和浪静，月直潮平""月上山、潮涨滩"等俚语，总结了潮汐规律，在讨小海中起了指导作用；"七葱八蒜九大蒜""小麦冬前籽""勿用问爹，勿用问娘，清明前后好下秧""处暑花麦白露菜"等，可指导农事；"三朝霜，暖和汤""东南风，雨祖宗""春天留阳，大雨倒场，夏天留阳，晒死老娘""东鲎日头西鲎雨""雨打秋头廿日旱""夏至有风三伏热，重阳无雨一冬晴"等，可作气象变化的参考。

其次，在文章中适当地引用俚语，能增强说服力，增添文采。毛主席就在著作中引用过"三个臭皮匠，抵个诸葛亮""懒婆娘的裹脚布——又长又臭"等俚语。"一个和尚担水啜，两个和尚抬水啜，三个和尚呒水啜"这句俚语，被编成木偶戏搬上银幕，对揭示"大锅饭"弊端起了形象生动的宣传作用。

再者，俚语能让人们在学习、工作、生产和生活的各个方面，以口头相授的形式，把前人的经验教训代代相传。俚语的内容和形式，类似过去的启蒙读物，易懂、易记、易用。俚语的传授基本上是在无意识中进行的，可谓"说者无心，听者有意"，不知不觉中流传下来，传扬开去。直到今天，它的生命力还很旺盛。

总之，西岙俚语是广大劳动人民长期以来经验的积累，闪烁着人民群众智慧的光芒，凝聚着劳动人民的血汗。它不仅内容广泛，切合生活实际，而且表达形式也简洁灵活，确实是民间口头文学中流传较广泛、较普遍的一种形式，值得我们去好好地搜集、整理，取其精华，去其糟粕，从中接受前人生活生产方面的知识经验和为人处世方面的道德教诲。

6. 谜　语

猜谜活动在西岙村有极为广泛的群众基础，深受不同文化层次人们的欢迎。谜语由谜面和谜底两部分组成，谜面是隐喻着谜底的短谣、韵语或字词，谜底是实际所指的事物。谜语的格式多样，内容也十分广泛，尤其是劳动人民创作的民间谜语，内容大多来自生活、生产的实际，语言大多是方言土语，形式大多采用诗歌形式，具有浓厚的乡土气息，不仅启人思索，助力知识增长，还有一定的文学价值。

谜语的谜面形式有：一字式，如"刃"（打一字为"召"）；一词式，如"廿一"（打一中药名"三七"）；一句式，如"两老倌拼一只耳朵皮"（打一物为"磨"）；两句韵语式，如"跌落嘭声响，称称呒斤两"（打一物为"屁"）；四句歌谣式及多句故事式等。

谜语的谜底内容，笼统而言，可分字、物两大类。民间谜语中字谜不多，物谜大致可以分为人物谜、动物谜、植物谜、食物谜、事件谜、天文谜、地理谜等多类。下面所选录的皆为尚在西岙一带流传的部分物谜。

（除注明外，其他各则各打一物或一事）

有头吼（没）头颈，盘山艜（不）爬岭。（谜底：船）

两兄弟，并排走，背脊向前肚向后。（谜底：双脚）

早上开门，晚上关门，走近一看，门里有人。（谜底：眼睛）

十个和尚分两旁，日里同路夜同床。（谜底：脚趾）

高高山头一蓬蒿，千刀万刀斫勿掉。（谜底：炊烟）

一张小眠床，睏一百个小和尚。（谜底：火柴）

生吼搞吃，熟吼搞吃，只有边烧边吃。（谜底：香烟）

一头青，一头白，一头空，一头实。（谜底：葱）

十个兄弟张布袋，五个兄弟走进来。（谜底：穿袜）

煮勿熟，烧勿熟，腌勿咸，洗勿白。（打四物）

（谜底：生姜、冷饭、淡卤、乌贼）

全国只有十二个，每人都有一个。（谜底：十二生肖）

竹筒筒，树筒筒，墙里开花墙外红。谜底：（谜底：灯笼）

七月种，八月拔，吼不根，吼不叶。（谜底：地藏王生日香）

相相有节，摸摸吼节，仔细一算，廿四个节。（谜底：节气）

本从水中来，顶怕水来冲，一到水里面，无影又无踪。（谜底：盐）

黑如包大人，乖如诸葛亮，搭起八卦阵，专捉飞来将。（谜底：蜘蛛）

头戴红缨帽，身穿白龙袍，一路叫补缸，走路踏高跷。（谜底：鹅）

身穿白龙袍，有眼吼眉毛，有翅不能飞，吼脚行千里。（谜底：鱼）

脱裤做生活，着裤睏懒觉，白沙滩游戏，黑龙江洗澡。（谜底：毛笔）

减掉勿会少，加了勿会多。加加又减减，还是一样多。（谜底：算盘）

背脊全是鳞，肚皮全是筋，日里开大口，夜里要吃人。（谜底：屋）

生好勿用算，四七廿八段，大点弯两段，小点弯三段。（谜底：手指头）

一家五口人，各有各的门。谁人走错门，就会笑死人。（谜底：纽扣）

远眝眝像只桃，桃树也勿高。开黄花，结青桃，青桃里面出白毛。（谜底：棉花）

白纸包丁香，抛到水中央，大浪小浪都勿怕，单怕毛竹枪。（谜底：汤包或水饺）

一个姑娘本姓黄,腰骨软软寻夫郎,碰到一个种田郎,拖拖拉拉勿肯放。(谜底:蚂蟥)

有翼呒毛快如风,无铁无铜响如钟。梧桐落叶分别去,下年夏至再相逢。(谜底:蝉)

坐南坐北坐西东,将军发令喜冲冲。打了败仗还有赏,得胜回朝没功劳。(谜底:猜拳)

四四方方一座城,城里兵马乱纷纷,两个将军对头坐,勿用刀枪比输赢。(谜底:走象棋)

一物生来真稀奇,身穿三百多件衣。每日给其脱一件,年底剩下一张皮。(谜底:日历)

(四)宗姓家谱

西岙村现存宗谱是《西洲陈氏族谱》。西岙是移民村,南宋时,西岙有陈、郑、周、王、蒋、穆、姚、林、金、祝、阮、蔡、叶、程、顾、赖十六个主要姓氏。

时至今日,除陈氏宗族以外,其他宗族先后迁居外地,宗谱也没有留存。据2017年调查,村内90%以上居民是陈姓,其余姓氏大多是因为婚嫁等原因而迁入。

据《西洲陈氏族谱》记载,陈氏始祖陈怀琪自宋初真宗年间自闽之长溪迁于西岙。

1. 修谱历史、文本状况

西岙村陈氏宗族是南宋望族,修谱的历史比较早。据《西洲陈氏族谱》记载,最早修谱时间是南宋德祐二年(1276)四月,由西岙陈氏十二世祖陈绍谦主持修纂,后来间隔一定时间都会重修,重修时间依次是明万历七年(1579)、清道光十一年(1831)、中华民国二十七年(1938),最近一次是2008年。

2. 宗规、族训

据《西洲陈氏族谱》记载，陈氏宗族的宗规和族训如下：

宗　规

圣有经，贤有传，国有典，家有训，其义一也。西洲陈氏派分福建已成巨族，不可不立祖宗规训，以昭子孙法守。爰将宗规族训分作二项，俾阅者能兢兢务此，而又推类以尽。其余庶几仁里可风而造无疆之福。

祠堂，所以栖神主也。君子将营宫室必先立祠堂。况吾族之祠乃丞相吉甫公为本生父请敕命，度宗皇帝念公不忘原本，敕与郑发运、周祭酒、王翰林之父合为一祠。祠内供奉圣牌诰敕，何等尊贵？宜严加封锁。其墙围榱栋值年者又当不时检视，以防风雨倾圮。

祠祭。元旦备祭仪，请出新旧二谱启封，请像拜奠。子孙以昭穆排行拜跪，用赞唱三叹读祝，不得越分乱序。祭毕将谱箱重加封锁，照房数挨交收藏。春秋祭定于清明日及中元日，奠礼如前。

墓祭，本应择日。今定期清明日，亦可先斩草棘，环绕省视，添土加榜，布席于坟。左设馔以祭土地，用赞唱三次。读祝毕，复设席设馔祭墓，赞唱读祝如前。

宗法，古道也。国有嫡储，家有宗子。今既不能如古人祭，必告于宗子之义。但于一族之中，推其分尊者为族长，于一房之中推其分尊者为房长。祭必主之，事必谋之。又择族中贤能者为宗相，以赞襄力宗事。庶几可以统子姓、肃家常矣。

夫妇乃人道之始，必须择其门第相对良贱为婚。律有明条，如犯者一切祭祀宴会不许与席。

丧葬乃人道之终，送死之具固当尽礼，然必称家之有无。凡宗人须知各有父母，各宜体恤。

立继。如兄弟二人，兄无后弟生二子，则以长子继长房，次子接本支。弟无后兄生二子，则以长子接本支，次子继二房。如只一子，则弟当继兄，兄不继弟。如俱无出，则挨亲支立继。无亲支，理请房族择本房中或贤或爱者承祀，不可招养异姓，以致乱宗也。如兄弟多有二三房无后者，亦应挨次分承，不得专归一房。又如已经出继者，其子侄不应转继本支，当择应继者承祀，免争竞也。

生子弥月，固当依行第命名。尤当邀族中之读书者，或元旦大会及春秋祭祀时翻阅副谱。不至重复，有祀祖讳，致后日改正不易也。

谱籍，族中巨典，须封钥坚固，将钥匙与箱分房轮交。藏谱之家，安置密室，每岁于秋祭日对众开箱，曝晒，以免虫蚀。不许乱翻乱看。倘遇阴雨则待来年可也。

族 训

一、敦孝悌。父母之恩同天罔极。自孩提以至成立，鞠育长养，多少辛勤，为子者即终身服劳奉养犹不足，讵容忤逆？至于兄弟，同胞骨肉，而长兄助父，兴业艰苦共尝，尤当逊顺。各宜自思，爱亲敬长，毋干法纪。

二、敬尊长。一族之中分有尊卑，年有老幼，虽支分派远，祖辈即吾祖，父辈即吾父，不得僭越唐突。且十年以长等父，五年以长等兄。即系晚辈亦不得恃尊傲慢。共宜礼让为先，和气致祥矣。

三、睦宗族。万物本乎天，人本乎祖。祖宗，子孙所从出也，故一从以至二三从。虽有大宗小宗之分，溯而上之，总同一祖。散之则为各房，合之则成一族。凡我族内，须念水源木本之意，咸相亲睦，毋为夺伦，祖宗在天之灵庶乎慰焉。

四、崇文教。从来读书知礼，乃能相让推恩。或顽或梗，皆因义理不明。成德成材端赖父兄作养。其俊秀者，学成名立，既可以耀祖光宗。愚鲁者，识字通文，亦不至下流卑贱。文教之崇，实为一族之望。族内富厚之家，固宜教育，即力稍克赡，断难弃材。庶几人文蔚起，群英挺兴，乡党称为望族，可毋忝厥矣。

五、务本业。农桑为衣食所自出，勤俭乃家道所由成。女织男耕，各有专任。早作夜息，斯获盈余。倘游惰好闲，石其田而草其宅，则抛荒莫收。奢侈过度，取者少而用者多，则耗费殆尽。族内后生等，须知创业维艰、守成不易，各宜尽力种收，以争祖宗气意。自奉省约，勿坠箕裘家声，斯家给人足、业增族盛矣。

六、戒赌博。好赌之人，法律不容，乡党不齿，破家最速。且不时入人房户，逸则思淫，廉耻道丧矣。故凡为子弟者，逢赌友当如恶鬼夜叉，视赌场当如火坑地狱。一不赌博，则各守士农工商之业。亦复劳则思善，非独永断赌种，亦可兼戢淫风。

七、禁酗揆。少年任性，最易动气。加之以酒，更无畏忌。有财势者倚富豪横，有勇力者恃强撒揆。干犯长上凌辱弱小。假一醉以逞凶，伤大伦而不顾，扬武耀威,不听父兄之督责。擎拳脚踢且有性命之伤笺,此实族风颓坏,出此不法棍徒也。如有此等子孙,房族长即于宗祠内重惩。

八、息争讼。讼之兴也,皆起于争。争之不已,因而成讼。种种讼端,殊难枚举。抑知争则不足,让则有余。能忍一时之愤,即免千日之忧。试思同族之人,无非伯叔兄弟侄孙。漫言两造迭控都须用钱,即此一堂供词果系何姓?既非和宗睦族之道,实属败伦伤化之行。嗣后如有事故,须先退让。其甚不平者,投房族长理处。如向理不恤者,即于宗祠内用家法重惩。

3. 辈分、排行

《西洲陈氏族谱》行第引:行第为历代之纪纲,不可紊乱。凡名宜双字,以上一字为排行,下一字各随所取。义以肇锡之。到二十冠而字,又宜有字行。使之遵行取字,亦收族之一道也。谨按世次胪列以昭画一云。

西岙陈氏世系排行

世系	名行	字行	世系	名行	字行	世系	名行	字行	世系	名行	字行	世系	名行	字行	世系	名行	字行
第一世	怀		第十一世	文	景	第二十一世	必	之	第三十一世	中	臣	第四十一世	启	贤	第五十一世	晋	露
第二世	光	世	第十二世	绍	公	第二十二世	昌	希	第三十二世	运	劳	第四十二世	硕	俊	—	平	静
第三世	居	士	第十三世	可	道	第二十三世	而	惟	第三十三世	万	国	第四十三世	英	才	—	—	章
第四世	惟	维	第十四世	以	之	第二十四世	宜	克	第三十四世	善	康	第四十四世	升	闻	—	—	华
第五世	仲	叔	第十五世	传	又师	第二十五世	大	伯	第三十五世	日	化	第四十五世	任	直	—	—	—
第六世	季	起	第十六世	世	则	第二十六世	元	汝	第三十六世	积	高	第四十六世	哲	明	—	—	—
第七世	希	彦	第十七世	之	端	第二十七世	亨	甫	第三十七世	家	隆	第四十七世	永	武	—	—	—
第八世	廷	邦	第十八世	久	永	第二十八世	利	腾	第三十八世	庆	余	第四十八世	廷	宾	—	—	—
第九世	祖	又待	第十九世	少	保	第二十九世	贞	君	第三十九世	长	开	第四十九世	瓜	绵	—	—	—
第十世	存	又甫鹗夫	第二十世	其	子	第三十世	仁	道	第四十世	振	作	第五十世	眹	兴	—	—	—

宁波传统村落田野调查·西吞村

六 诗文选录

南宋时期，西岙名臣群出，人才济济，闻名遐迩，其中以陈氏为多，后历代人才辈出。以下诗词都是西岙人所作，按年代顺次编排。除注明的外，作品都选自《西洲陈氏族谱》。

（一）景色诗

1. 盖苍十景（选五）

盖苍乔木

乔木亭亭倚盖苍，栉风沐雨自担当。
成阴幸有云仍护，刀斧何由得损伤。

中堡斜阳

落叶云飞暗夕辉，余光返照恋崔巍。
伤心漫忆当年事，故里池塘半是非。

归锦桥柳

石桥横亘越东头，一种垂杨照碧流。
何用别寻清澈去，绿阴深处即丹邱。

西涧精舍

一庐卜筑涧之西，带水襟山可读书。
三十余年京国远，太平丘壑是归与！

绿野池莲

手辟舍东半亩塘,芰荷香袭满庭芳。

闲行西涧寻幽胜,谁道莲花似六郎?

作者简介:陈吉甫(1200—1279),即叶梦鼎,字镇之,号西涧。以太学上舍试入优等,得"两优释褐状元"称号,官至右丞相兼枢密使。著有《西涧集》。

2. 西洲八景

官山晓日

结屋云林苍翠间,面窗窈窕拥姻环。

岩富高处先迎日,倦眼开时早见山。

寺静定知僧睡足,尘忙哪得世情闲。

闭门不蜡阮孚屐,只为年来游兴悭。

甲峰插汉

嵩岳钟灵起震龙,花村保障仗高峰。

崔嵬山势低群岫,飒爽涛声卷万松。

似此蓬壶须稳步,直教星斗尽罗胸。

笑余不少探幽县,一双芒鞋一短笛。

鞍山积雪

天马腾空尚剩鞍,至今长作鞍山看。

雪将月色明残夜,树少梅花耐峭寒。

大汉功成思李朔,荒驴卧久想袁安。

冲风驴背寻诗者,到此应愁得句难。

石桥钓月

夜静水轮漾碧波,石梁坐钓兴如何。

纶竿临水凉生乎,风露漫天冷逼蓑。

界破蟾光余老树,惊回鸥梦是清歌。
夜深重到须携酒,对此分明李白多。

古寺晚钟

招是隐隐隔尘居,听到钟声俗累除。
半岭斜阳刚下时,一镰新月乍来初。
庄严世界三千外,清净禅机八百余。
岁月消磨无个字,青山有约著奇书。

白岩归樵

屹立层岩势插霄,斜阳岭畔见归樵。
高崖半壁松将螟,曲径三岔路逍遥。
人影飘飘压黄叶,山歌隐隐唱红么。
烂柯旧事君知否,一局棋残岁月消。

白石吞波

巨石粼粼作钓石,洪流激射日淙淙。
形同虎踞如相扼,势似鲸吞不受降。
鸥浦横开波浩荡,鸭阑近接响玪玏。
霜天夜静明渔火,红蓼滩头击小船。

曲水流香

青山围水水围村,尽日潺缓到荜门。
细草春风生杜若,流波夜雨长兰荪。
武夷佳景应相似,禊事幽怀此亦存。
绝胜文章三月暮,一溪红雨落花芬。

作者简介:陈大鑑,字衡伯,号南岳,西岙人,邑庠生,生卒不详。西洲八景诗的意境极佳,且字句工整、引典自然,赋景之余隐含清机妙趣和萧然之绪,实乃独具地方特色、含金量极高的上乘诗作。

（二）题赠诗

赠景隆观羽士陈永年

骑鹤归来栋宇陈，风光占断涌金门。
终年不作华胥想，竹榻连宵足睡魂。
雨奇晴好妙无穷，堤柳才黄桃又红。
胜景一齐都入眼，何须炼药作仙翁。

作者简介：陈绍渠（1168—1237），字公厚。

贺郑景说登进士

吾乡旧数白眉贤，竟尔乘风破浪先。
杏苑花簪红一簇，曲江宴赐玉双联。
书成佳句惊名士，赢得宫袍裹少年。
踏遍长安人尽羡，今朝已作大罗仙。

作者简介：陈文熊（1194—1276），字景望。郑景说即郑霖。

得家君畴书，时入国子助教，即书纸后

连霄瑞气溢门楹，又见泥金递报时。
几许辛勤思虎拜，一番甲第入龙池。
文章争羡登千佛，兰桂欣看秀两枝。
翰苑风光从领略，花砖影过不为迟。

作者简介：陈文鹏（1198—1286），字景翔。

贺尚书王应子先生六十

西湖花柳俱含春，争为先生祝大椿。
寿日共知周甲子，生平好自说庚寅。
翰林风月原无价，吏部文章自有真。

画阁珠帘开宴处,红妆团簇白头人。

作者简介:陈绍谦(1222—1293),字公益,号半峰,人称半峰先生。南宋进士。

赠无择老禅因观稼

其 一

两年风雨为民愁,那得偷闲物外游。
谁谓秋鸿留爪甲,吴侬一稔殿眉头。

其 二

每谒祠堂憩虎丘,山僧煮茗雪花浮。
陆泉便作曹溪会,引得清风话未休。

作者简介:郑霖。选自王宾《虎丘山志》。

寄竹阁、芳舟二师

不量力小欲天回,风雨拏舟亦快哉。
三疏排奸明主听,两诗送别故人来。
便寻老圃归栽菊,又到孤山说种梅。
此事只知闲似福,纷纷世事付吟杯。

作者简介:郑发(1186—?),字华甫,号毅斋。郑霖弟。南宋宝庆进士。官至工部尚书。此诗选自《挑灯偶录》。

挽西村弟学谕

夫妇相携上首丘,送终有子更何求?
五千卷竟空撑腹,七十年还未到头。
不复湖山耕笔砚,竟归冈陇蜕冠裳。
泉台此去瞻依近,为说遗经写未休。

作者简介:陈逢可(1257—1337),字适道,号西愚。

游净慈寺宿一湖轩与僧人定妙夜话

自笑游踪类白鹇,偶然乘胜不思还。

明湖胜景知多少？半在南屏山下山。

定妙谈经有妙词，缁衣良不愧吾师。

莲花净绝能容我，愿绣清癯贾岛诗。

作者简介：陈以昂（1334—1396），字庄甫，号东岐。登洪武乡举，任湖广汉阳县知县。任满改官南京。

生日穆太夫人寄衣适至

薄宦辞家远，思亲泪未干。

桑榆惊日暮，风雪忆儿寒。

远道闻砧易，穷檐挟纩难。

回书无别话，字字只平安。

作者简介：陈而偶（1561—1624），字惟配，号左川。官广东韶州府乐昌县知县。

集福寺题壁

青山围绕梵王家，鸡犬无声人不哗。

小阁日沉云入树，闲庭春到雨催花。

毕生事业消书卷，如许头颅感物华。

清磬一声尘梦觉，半钩新月上窗纱。

作者简介：陈福享（1682—1742），字申甫，邑庠生。

（三）其 他

还 乡

官袍一著入朝班，抛却家乡久未还。

渐觉眼前生白发，只从梦里见青山。

君恩似海怜臣老，世路如棋许我还。

四十年前朋旧尽，伤心衰草夕阳间。

作者简介：陈廷芬（1124—1196），字邦秀。南宋进士，西岙村陈氏第一名进士。

从车驾幸玉津园（六首选二）

其 一

天子行春驾六龙，千官彩仗护雍容。

东皇添设西湖景，树树桃花带雨红。

其 二

西畴早足一犁耕，甘风和雨庆太平。

美政桥边歌美政，群黎争向马头迎。

作者简介：陈廷芝（1141—1221），字邦茂。南宋进士。

八月二十六日得西涧书代简

夜雨连床梦乍回，平安书自日边来。

棘闱牍进无双策，梓里人夸第一才。

从古帝廷分辅弼，于今傅野奏盐梅。

风光西涧长如此，添个明星列上台。

作者简介：陈存琏（1167—1232），陈文熊之父。"西涧"，即叶梦鼎。

秋杪游择胜园

秋气清如许，翛然到此园。波光含画国，晓色动高轩。

座有东山客，筵留北海樽。笑予闲不得，又复过前村。

作者简介：陈文纬（1224—1285），字儒文，号静可。南宋进士。官至右司郎中。

集仙纳凉

县滩如沸鼎，玄馆足清幽。竹径不留暑，莲池先借秋。

学仙师有诀，恋禄我怀羞。安得双凫舄，乘风八极游。

作者简介：郑霖（1180—1251），字景说，又字润父，号雪岩，亦号蒲溪。南宋绍定进士。历官平江知府兼淮浙发运使。后为贾似道所害。著有《中庸讲义》

《雪岩集》，均佚失。此诗选自《宁海先贤文献辑存》。

如意桥

浮名虎榜利绳头，若个生前早自休。
为问此桥来往客，十分得意有人不？

作者简介：陈宜球（1584—1659），邑庠生。

春暮感怀

蹩屣去寻春，春光莫疗贫。青山应笑我，白发欲先人。
笔砚生涯旧，炎凉世态新。瓮头家酿熟，聊以养天真。

作者简介：陈宜延（1592—1627），邑庠生。

正月十八夜雪观西岙龙灯诗

序（节选）：宋淳祐十三年（1253）八月初三日，吾祖文纬公，官右司郎中，退老而归。道经扬子江，风浪交作。吾祖仰天哀告，霎时现出龙身，即绘其身。复还故土，设以每年正月十八夜，二龙飞舞，以答祖愿。鹏考之甚详，爰作小引以附之。

千灯万炬助喧阗，直使纬公惊欲遁。
初看游衍各西东，须臾邂逅交雌雄。
忽然掉尾归大泽，忽然昂首凌苍穹。
天龙闻之神踊跃，特散天花恣行乐。
千山积玉地铺银，抖擞精神愈拿攫。
溪南神禹庙崔嵬，旌旗簇拥炮惊雷。
万目睽睽龙忽蜕，村庄但见玉楼台。

作者简介：伍芝昌（1813—1868），字友兰，号石坪，郡廪膳生。清代长街洋岭人。他在《西洲陈氏族谱》序中详尽地记叙了"西岙行大龙习俗"的动因，在诗中把十八夜抬龙的壮观场面描写得淋漓尽致。

宁波传统村落田野调查·西岙村

七 乡贤名士

1. 郑 霖

郑霖（1180—1251），字景说，又字润父，号雪岩，浙江宁海西岙人。

南宋淳熙七年（1180）出生。开禧元年（1205）入太学，绍定二年（1229）登黄朴榜进士，授江西南安军教授。后知四川嘉定，再升总领淮西军马钱粮，转大理司直枢密院编修。此后曾改知赣州、苏州、安庆、平江等地。知安庆时兼任淮浙提刑点浙西刑狱，知平江时兼淮浙发运使。

郑霖为人纯良正直，在职二十余年，深受当地百姓爱戴。初任南安军教授时，有民众暴动攻城，郑霖不顾个人安危，冒矢石之险登城劝谕，使事态得以平息。留守七年，励精图治，声威日振。后至偏僻落后的赣州，此地地广民穷，盗贼蜂聚。郑霖招抚乱民，保境安民，使百姓得以安宁；裁员简政，减轻人民负担；释放久囚罪犯、安顿流域、再通航运；赈粮救济灾区，恢复生产。十年整治，民事毕理，百废俱兴。

在郑霖家乡附近，有港湾渡口，名为黄公渡，港宽潮急，渡船常被风浪所倾覆，当地群众不胜其苦。郑霖为太学生时，即与弟季杰及灵峰寺僧人元海等商议在此建桥。后来郑霖在各地为官，虽公事繁忙，仍关心建桥事，每节衣缩食，给济释元海建桥。但堤防屡遭海浪溃毁，桥基多次崩塌。元海四方募捐，十年辛勤，桥未建成，人却因积劳成疾而去世。郑霖感痛之余，又嘱咐元海的两个徒弟清隐、惠畴继承师志，完成此举，并一再割俸倾囊相助。后经两僧及当地群众艰苦奋斗，历经二十个寒暑，此桥终于在淳祐十年（1250）五月建成，命名"登台桥"，涵二十四洞，上可驱驷马车辕，下可通五丈篷船，为宁海县古代建桥史上最大工程之一。

当时贾似道当权于朝，四处网罗人才以为己用，有意拉拢郑霖。但郑霖深恶贾似道恃宠弄权，不愿与其往来，后贾似道以"司都""监礼部郎官"等职授郑霖，郑霖皆拒不就职。贾怀恨在心，遂诬郑霖造登台桥一事为"积粮聚众，图谋不轨"。理宗偏听不察，竟下旨杀害郑霖。数年后，理宗见到郑霖遗表，幡然悔悟，昭雪其冤，追赠其为中奉大夫龙图阁直学士，并赐葬西岙村集福寺前。

郑霖的主要著作有《中庸讲义》《雪岩集》。

附一：郑霖的死因到底是什么？

关于郑霖的死因，归纳不同时期的《宁海县志》，共有三种说法。明崇祯五年（1632）刊本《宁海县志》载，贾似道专权误国，霖疾其为人，不与语，似道衔之，霖饮恨成疾卒。遗表上闻，赠中奉大夫，龙图阁直学士，年七十有二。光绪《宁海县志》载，贾似道当国，欲加拉拢，霖恶其为人，不与言，似道衔之。后以将作监礼部郎官召。又终不就。卒为贾似道所害。年七十有二。1993年版《宁海县志》载，郑霖深恶贾似道恃势弄权，不与往来。虽以"司都""监礼部郎官"等职笼络，皆拒不就。贾怀恨在心，遂向皇帝诬告郑霖努力建造登台桥一事为"积粮聚众，图谋不轨"。理宗偏听不察，竟下旨杀害。

2. 叶梦鼎

叶梦鼎（1200—1279），西岙陈氏第十世祖，东仓上宅叶氏第十二世祖。他是宁海县历史上唯一一个当过丞相的人。字镇之，号西涧。本姓陈，名吉甫，排行第三，也是父母最小的儿子。父亲是陈待聘。

叶梦鼎七岁时出继母族，成为东仓上宅村舅舅叶日宣的儿子，改姓名为叶梦鼎。少从学于郑霖。及长，复从学鄞县赵逢龙，天资聪颖，悟性极高，读书过目成诵。南宋绍定五年（1232）入太学。嘉熙元年（1237），叶梦鼎以太学上舍试入优等，"两优释褐状元"，初授信州军事推官。叶梦鼎衣锦还乡时，恰逢上宅村中跨涧石拱桥建成，村人遂名此桥为"归锦桥"，取衣锦还乡的意思。他先后在袁州、吉州、隆兴等处任地方官。景定三年（1262）升兵部尚书，兼任国史编修及实录检讨。次年，调任吏部尚书。咸淳三年（1267），拜右丞相兼枢密使。

当时南宋朝廷国力日衰，外患内忧交织。叶梦鼎初有力挽狂澜之志，不仅在管辖范围内平冤狱、免苛徭，革除弊政予民生息，且多次上书朝廷，提出了许多修明政治、振兴邦国的主张。尤其是佞臣贾似道权势日重、祸心袒露之后，叶梦鼎与其展开了针锋相对的斗争。早在1246年，贾似道以姐为理宗贵妃而获殊遇,起任京湖制置使兼知江陵府,并兼夔州路策应使时,叶梦鼎借转对之机提醒朝廷:"外有窥边之大敌,内有伺隙之巨奸。"景定四年(1263),贾似道晋封为少师、卫国公,愈加肆意弄权,竟在两浙及江东江西推行"公田法",侵吞民田。叶梦鼎极力反对,遂使"公田法"行至浙西而止。次年,贾似道又推行"经界推排法",并以"关子"货币更易前两界的"会子"货币,于是,物价飞涨,税赋倍增,百姓叫苦不迭。叶梦鼎又起而反对,使"会子"票未得全废。理宗死,度宗即位,朝廷议请太后垂帘听政。梦鼎以"母后垂帘岂是美事"诤谏。以此,史称梦鼎"以孤忠抗大奸,支持危局"。但度宗仍然重用贾似道,又赠封其为太师、魏国公,权势益重。叶梦鼎感慨国事艰难,心灰意冷之下,想要辞官。皇帝不许。乃称病归里,屡诏屡拒。皇上无奈,授其资政殿学士衔,在当地庆元任知府。

咸淳三年(1267)三月,上再召叶梦鼎为参知政事,虽六辞而不许。同年秋,强授相印,与贾似道分任。时贾似道授平章军国重事,专横益甚。叶梦鼎素恶似道为人,秉政后仍不屈于权势。不久,为利州转运使王价平反等事,与贾似道产生矛盾。似道挟势弄权,梦鼎不挠其志。及贾母责备似道,太学诸生亦上书言似道专权,贾似道方让步。自此,叶梦鼎决意辞官,数乞而未允。至咸淳五年(1269),叶梦鼎引北宋杜衍单车宵遁事例,多次恳辞,朝廷才易马廷鸾为右丞相兼枢密使,但仍以观文殿学士、信国公等职挽留叶梦鼎于京中,叶梦鼎辞不受官。咸淳八年(1272)十二月,朝廷再诏叶梦鼎为少傅右丞相兼枢密使。梦鼎引疾固辞不赴,并在上疏后乘扁舟径归宁海故里。或以祸福相谕,梦鼎说:"廉耻事大,死生事小,万无可回之理。"

景炎元年(1276),益王即位于福建,翌年以少师、太乙宫使之衔召叶梦鼎往。此时,局势危如累卵,宋亡即在旦夕,叶梦鼎以七十八高龄,仍受命南行,舟至永嘉(温州),以道阻不能进,恸哭而归。祥兴二年(1279)三月,宋元崖山决战,丞相陆秀夫背着八岁的皇帝赵昺投海,大宋王朝灭亡。在听到这些噩耗后,当年冬天,叶梦鼎病逝于宁海上宅老家,享年八十。

主要著作有《西涧集》等。《宋史》有《叶梦鼎传》。

附二:《宋史·列传第一百七十三·叶梦鼎》

叶梦鼎,字镇之,台之宁海人。本陈待聘之子,七岁后于母族。少从直龙图阁郑霖、宗正少卿赵逢龙学,以太学上舍试入优等,两优释褐出身,授信州军事推官,摄教事,讲荒政。迁太学录。

淳祐二年,雷变,上封事,言召人才,戒蝶近。明年,轮对,言君子、直言、军制、楮币、任官、分阃六事。同番易汤巾召试馆职,授秘书省正字。四年,升校书郎兼庄文府教授。五年,迁秘书郎,转对,言定国本,求哲辅,专阃帅,奖用介直。雷变上言,援唐康澄"五可畏"之说,迁著作佐郎。六年,拜军器少监兼兵部郎官,转对,言国计、边事、国体三事。又言:"外有窥边之大敌,内有伺隙之巨奸;奇邪蛊媚于宫闱,熏腐依凭于城社;强藩悍将,牙蘖易摇,草窃奸宄,肘腋阶变。"

权知袁州,转运司和籴米三万斛,梦鼎言:"袁山多而田少,朝廷免和籴已百年,自今开之,百姓子孙受无穷之害,则无穷之怨从之。"民汤顾献田学官,妻子离散,梦鼎遂还之。毁万载旗箾村淫祠,塞其妖井。召赴行在。丁本生母忧。十一年,免丧,拜司封员外郎。轮对,言:"陛下惑于左右之谗说,例视言者为好名,中伤既深,胶固莫解。近岁以来,言稍犯人主之所难者,不显罢则阴黜,不久外则设间,去者屡召而不还,来者一鸣而辄斥。"兼玉牒检讨官,以直秘阁、江西提举常平兼知吉州。节制悍将,置社仓、义仓,平反李义山受赃之冤,以国子司业召。

宝祐元年陛对,言国论主平江西义仓,不可待申省而后发。考试集英殿,授崇政殿说书,进讲《尚书》。兼国史编修、实录检讨,迁国子祭酒。二年,兼权礼部侍郎,谏幸西太乙宫。三年,权礼部侍郎,仍兼祭酒,升兼同修国史、实录院同修撰,寻兼侍讲。丁母忧。五年,以集英殿修撰差知赣州。丁大全柄国,欲挽梦鼎登朝,卒辞谢之。六年,改知建宁府,又改知隆兴府。开庆元年,复知建宁府,作桥梁,置驿舍,建大安关,决疑狱。

景定元年,召为太子詹事,上疏以"法天"为言。迁吏部侍郎,赐宁海县食邑。二年,权兵部尚书兼权吏部尚书。三年,迁兵部尚书兼修国史兼实录修撰。迁吏部尚书,五辞免,请祠,不允。拜端明殿学士、同签书枢密院事,屡辞不许。同提举编修《经武要略》兼太子宾客,进封宁海伯。四年,签书枢密院事,进封临海郡侯，以明堂恩进封临海郡公。丞相贾似道欲造关子，罢十七、十八两界会子，梦鼎以为厉民，乃止罢十七界。公田法行，梦鼎又以为厉民，故行之浙右而止。五年，三辞，不许，进同知枢密院事、权参知政事。以彗星出，梦鼎言政上下恐惧交修之日，乞解机政，又不许。奏免浙西经界。

理宗崩，议太子即位，太后垂帘听政，梦鼎曰："母后垂帘，岂是美事！"进参知政事，加食邑。梦鼎力辞，似道恳留之，不可。帝勉谕再三，诏阁门封还奏疏。似道奏："参政去则江万里、王𤏡必不来。"理宗复土，摄少傅，竣事，引疾归里，累诏，力辞，授资政殿学士、知庆元府、沿海制置使。肃清海寇，罪止首恶，羡余之费，悉却不受。建济民仓以备饥岁，造驿舍以待宾旅。

咸淳三年，再召为参知政事，加食邑，六辞，不许。诏著作佐郎卢钺与台州守项公采趣行，拜特进、右丞相兼枢密使，累辞，不许，乃与似道分任。利州转运使王价尝以言去官，非其罪也，四川制置司已辟参议，及死，其子诉求遗泽。至是，梦鼎明其无罪，似道以为恩不己出，罢省部吏数人，榜其姓名于朝。梦鼎怒曰："我断不为陈自强。"即求去。似道之母让似道曰："叶丞相安于家食，未尝希进，汝强与以相印，今乃牵制至此，若不从吾言，吾不食矣。"似道曰："为官不得不如此。"会太学诸生亦上书言似道专权固位，乃悔悟，属府尹洪焘求解，而梦鼎屡上章乞闲。冬雷，引咎求去愈力。

四年，策杨妃，宰相无拜礼，吏赞拜，梦鼎以笏挥之，趋出。明日，乞还田里，诏勉留之。诏免诸州守臣上殿奏事，梦鼎言："祖宗谨重牧守之寄，将赴官，必令奏事，盖欲察其人品，及面谕以廉律己，爱育百姓。其至郡延见吏民，具宣上意，庶几求无负临遣之意。今不远数千里而来，咫尺天颜而不得见，甚非立法之本意。"又乞容受直言。进少保。五年，引杜衍致仕单车宵遁故事累辞，乃授观文殿学士、判福州、福建安抚大使，进封信国公，不拜；充醴泉观使，又不拜。七年，再充醴泉使。

九年，授少傅、右丞相兼枢密使，引疾力辞，宰、掾、郎、曹沓至趣行，扶病至嵊县，请辞不获，乞还山林。疏奏："愿上厉精寡欲，规当国者收人心，固邦本，励将帅，饬州县，重振恤。"扁舟径归。使者以祸福告，梦鼎语之曰："廉耻事大，死生事小，万无可回之理。"似道大怒，台臣奏从归田之请，诏仍少保、观文殿大学士、醴泉观使，不请祠禄。

瀛国公初即位，咨访故老，梦鼎上封事，曰：敦教道，训廉德，厉臣节，拯民瘼，重士选,劝吏廉,惩吏奸,补军籍。授判庆元府、沿海制置大使,力辞,依前醴泉观使兼侍读,不拜。二年,益王即位于闽,召为少师、太乙宫使。航海遂行,道梗不能进,南向恸哭失声而还。后二年卒。子应及,太府寺丞、知建德府军器少监、驻戍军马;应有,朝请郎、太社令。

附三:叶梦鼎算不算西岙人?

叶梦鼎是东仓上宅叶氏第十二世祖,也是西岙陈氏第十世祖。他出生在西岙,又把自己的孙子过继给西岙自己兄弟的儿子,所以理应也是西岙陈氏之祖。

叶梦鼎九岁那年,一直没有生养的继父母生了一个儿子,取名叫叶梦鼐。大家都说这个兄弟是叶梦鼎带来的。继父母一直对叶梦鼎视若己出,疼爱有加。培养叶梦鼎读书求学,走上仕途。但亲生儿子则在家务农。叶梦鼎晚年一度想要恢复陈姓。因为继父母已经有了亲生儿子及亲生孙子。可是按照道义来说,养育之恩可比生育之恩,不可以不报答。叶家培养他用了许多心血,他不可以辜负这番恩义。为此他左右为难,还上书皇帝,请求圣裁。皇帝则明确反对他恢复陈姓。

晚年的叶梦鼎终于遇到了一个两全其美的机会。西岙陈氏本家的陈文绪五十多岁了,还没有儿子,于是他将自己的第五个孙子还翁过继给了西岙陈家侄子陈文绪做嗣子,随送200亩田。这样一来,他虽然回不了陈家,但是却让后代帮他圆了这改复陈姓的梦。

叶梦鼎一度想恢复陈姓的故事记载在了叶家的宗谱之中,随着宗谱一起代代传承,其中还记载了他对叶家与陈家后人的忠告:"……敬祖祢,睦宗族,礼姻党,敦尚古道,以厚风俗。且涧上与西洲隔越仅二十里,务宜往还,俾陈、叶二姓永相和睦,奕世子孙守以为法,老怀其始慰矣……"

所以,叶梦鼎是正宗西岙人。

附四:叶梦鼎的坟墓为什么有两处?

现在发现的叶梦鼎的坟墓有两处。一处在三门县广润寺旁边。这座墓破坏严重,但规格极高,符合叶梦鼎丞相的身份,现场发现有2尊高达3米的石刻武士。

二是在宁海县上宅村叶梦鼎老家，墓的规格极低，相当于平民百姓规格。

为什么会有两座墓？为什么墓会一大一小？

据分析认为：三门县的墓是叶梦鼎的寿坟。叶梦鼎夫人先去世，灵柩寄放在广润寺，墓是夫妻合葬墓。当时南宋还一息尚存，叶梦鼎还是丞相，所以规格极高。宁海县上宅村的墓是叶梦鼎去世后安葬的墓，当时南宋已经灭亡，元朝统治中国。在新王朝的统治下，旧朝代的丞相只是平民身份。所以墓的规格极低。

那为什么没有把叶梦鼎的灵柩送到三门县寿坟安葬？最大的可能是元朝统治比较野蛮，政治氛围不好。如果仍然按照丞相的规格安葬，在元朝就是僭越，就会给亲朋好友带来灾祸。所以只能按照平民之礼在家乡悄悄地安葬。

少师丞相信国公西涧先生挽歌二首
（南宋）舒岳祥

其一

宰辅平生望，儒酸贵日同。诸贤亲盛德，末俗仰高风。
道丧悲歌凤，时乘叹卧龙。经纶兹日泯，忧爱与身终。

其二

咸淳无正史，德祐少完人。他日修公传，终身作宋臣。
渊明还死晋，商皓本逃秦。壮士原无泪，西风自湿巾。

注：舒岳祥（1219—1298），南宋宁海阆风里人，故称阆风先生。宝祐四年（1256）文天祥榜进士。叶梦鼎去世后，舒岳祥作挽歌二首。

3. 陈肖娘

陈肖娘的父亲是南宋朝散大夫陈文绪，母亲林氏。她从小就很聪明，稍长一些就博览群书。她母亲林氏因为没有儿子而对她格外疼爱。肖娘成年后，父母就开始考虑她的婚事。

有一年，肖娘准备正月结婚，但是远在外地做官的父亲回信说因故不能按时回家。陈肖娘认为父亲不在家，自己不应该结婚，否则就是不孝。于是改为七月份出嫁。当时通讯不方便，好不容易等到父亲回信，却说七月份还是不能回家。于是又改婚期，改为十月份出嫁。父亲回信说还是不能按时回家。陈肖娘认为，既然父亲不能回家主持自己的婚礼，自己就干脆不再出嫁。

后来，父母多次商量她出嫁的事。但是陈肖娘考虑到父母只有自己一个孩子，怕父母年纪大了无人照顾，于是决定终生不嫁。父母不解，肖娘哭着说："我曾经读过古代人物传记，知道木兰代父从军，知道缇萦救父。这些先人在危难中都能够尽孝道，她们难道不是女子吗？现在我家虽然贫寒，但幸好父母尚未衰老，一粥一饭让我亲自孝敬父母，承欢膝下，何必让我远离自己的父母去侍奉别人的父母呢？这样才能够让我尽到孝心。"

肖娘三十岁时，父母都年过半百了，仍然没有儿子。叔祖父陈吉甫（即叶梦鼎）知道后，就把自己的一个小孙子过继给肖娘的父亲做儿子，取名还翁。叶梦鼎丞相原来是西岙人，七岁时过继给自己的舅舅做继子。现在知道西岙陈氏本家的陈文绪没有儿子，就把自己的孙子过继给他，取名"还翁"，大概有还祖宗一个儿孙的意思吧。还翁满月来到肖娘家，肖娘非常喜欢他，当时，肖娘的父亲文绪公年事已高，母亲林氏也日渐衰老，虽然有了兄弟还翁，但因其还太年幼不懂事。不得已，肖娘只好继续把自己的婚姻大事放在一边，忙里忙外，支撑门户。过了十多年，肖娘的父母相继去世，肖娘哀伤过度。等到丧期一过就搬到一个小楼居住，从此不吃荤菜，整日烧香，默默静坐，有七年不曾下楼。到五十岁那年去世。她死的时候，兄弟还翁二十来岁，已经长大成人了。

古人早就讲得非常明白：生儿子不要太高兴，生女儿不要太悲伤。陈肖娘虽然是女儿，但是比孝子做得还要好。她终身不嫁，一直侍奉父母到终老，同时代替老父老母养育和教育未成年的兄弟。

《西洲陈氏族谱》中有《陈孝女传》，写的就是陈肖娘的故事。西岙村"正月、七月、十月不嫁娶"的特殊风俗就来源于陈肖娘。

4. 西岙村进士名录

序号	姓名	生卒时间	登榜时间	榜名	备注
1	陈廷芬	1124—1196	南宋高宗绍兴十八年（1148）戊辰科	进士	西岙陈氏第一位进士

续表

序号	姓名	生卒时间	登榜时间	榜名	备注
2	陈廷兰	1135—1206	南宋孝宗乾道二年（1166）丙戌科	进士	—
3	陈廷芝	1141—1221	南宋孝宗淳熙五年（1178）戊戌科	进士	—
4	郑发	—	南宋理宗宝庆二年（1226）丙戌科	进士	郑霖堂弟
5	郑霖	1180—1251	南宋理宗绍定二年（1229）己丑科	进士	黄朴榜进士
6	郑汝杰	—	南宋理宗端平二年（1235）乙未科	进士	叔吉榜进士，郑霖弟，即于当年病故，未仕
7	陈文纬	1224—1285	南宋理宗淳祐十年（1250）庚戌科	进士	逢辰榜进士
8	陈绍谦	1222—1293	南宋度宗咸淳元年（1265）乙丑科	进士	阮登炳榜进士
9	陈邵昌	—	—	进士	迁柴溪祖
10	陈道大	1340—1425	—	进士	迁毛仙祖
11	陈道顺	1344—1435	—	进士	迁凤山祖
12	陈义昌	1506—1589	万历	进士	—

注1：据《西洲陈氏族谱》记载，西岙历代共有进士12名。据《长街镇志》记载，西岙共有进士8名，即上表所列举的1至8名。

注2：宋时有诗云："父御史、子御史、父子三御史；兄进士、弟进士、兄弟四进士"。其中"父御史、子御史，父子三御史"，说的是叶梦鼎（即陈吉甫）为朝散大夫，叶文绪为两淮经略使，叶文纬为两淮宣抚使，父子三人被同称为御史。而绍谦、绍泳、绍渠、绍说兄弟四人先后中进士，故有"兄进士、弟进士，兄弟四进士"的印证，呈现出当时西岙村的辉煌。

5.西岙村历代官员名录

西岙村人杰地灵，历代人才辈出。宋代有"三十六位在京官，三斗三升芝麻官"之说。至元、明、清各代，西岙村仍然人才济济。下列表格依据《西洲陈氏族谱》而列。其他各氏族因先后迁离西岙，历史资料不全，没有全部登记在册。

时间	姓名	科第	出仕（最大官职）
南宋	陈彦淳	—	以子陈廷芬、陈廷兰、陈廷芝贵，封赠朝请大夫
	陈廷芬	高宗绍兴十八年（1148）戊辰科进士	翰林侍讲
	陈廷兰	孝宗乾道二年（1166）丙戌科进士	参议大夫
	陈廷芝	孝宗淳熙五年（1178）戊戌科进士	—
	郑发	理宗宝庆二年（1226）丙戌科进士	官至工部尚书
	郑霖	理宗绍定二年（1229）己丑科进士	大理司直枢密院编修、淮浙发运使
	郑汝杰	理宗端平二年（1235）乙未科	—
	陈待聘	—	以子叶梦鼎贵，封赠金紫光禄大夫
	陈世华	—	迪公郎
	陈安仁	—	知县
	陈正甫	—	淮西制司升参议阶迪公郎
	陈和甫	—	朝散大夫
	叶梦鼎（即陈吉甫）	两优释褐状元	右丞相
	周成童	—	国子祭酒
	王良宠	—	翰林学士
	陈中甫	—	淮东制司权西洲司户
	陈祥甫	—	定海税务都监
	陈清甫	—	淮西提举司提举
	陈鹗飞	—	饶州府安顺县县尹
	陈文熊	—	淮东运司

续表

时间	姓名	科第	出仕（最大官职）
南宋	陈德星	—	秘书监
	陈文鹏	—	采石书院山长
	陈文风	—	光州固始县丞
	陈文绪	—	两淮经略司
	陈文纬	理宗淳祐十年（1250）庚戌科进士	右司郎中兼国史编修
	陈文载	—	绍兴会稽县丞
	陈君畴	—	国子助教
	陈君咨	—	庆元府市舶机察使
	陈绍谦	度宗咸淳元年（1265）乙丑科进士	礼部仪制司主事
	陈绍泳	—	权本县尉
	陈绍渠	—	翰林国子助教加授编修
	陈绍说	—	户部宝钞提举
元朝	陈文省	—	太史
	陈文野	—	迪公郎
	陈文镇	举人	—
	陈绍开	—	将仕郎
	陈还翁	—	通仕郎
	陈当可	—	钱塘学教谕
	陈洪稠	邑椽	省祭将仕郎
明朝	陈惟聘	椽阶	洛昌主簿
	陈国元	椽阶	福建浦城县丞
	陈邵昌	进士	—
	陈道大	进士	—
	陈道顺	进士	—
	陈以昂	举人	汉阳县知县
	陈光宅	—	以子贵，封赠资政大夫
	陈启昶	贡生	教谕

续表

时间	姓名	科第	出仕（最大官职）
明朝	陈谋妥	举人	—
	陈世明	—	都御史
	陈正顺	举人	—
	陈祖之	—	象山县主簿
	陈济一	—	长溪县知县
	陈济二	—	山长
	陈学锦	举人	—
	陈必炎	—	以子贵，封赠奉直大夫
	陈义昌	万历年间进士	翰林侍讲
	陈德昌	—	将仕郎
	陈而偶	—	广东乐昌县知县
	陈宜运	—	九华宫通判

图片档案

—— 村落面貌

—— 历史见证

—— 物质文化遗产

—— 非物质文化遗产

—— 民俗生活

—— 生产方式

—— 人　物

—— 现　状

中国传统村落立档调查（图片）归档表

村落名称：西岙村

所属省市乡（镇）：浙江省宁波市宁海县长街镇

拍摄者：戴余金、陈链杰

拍摄时间：2017年—2018年

分类	分类号	图片编号	说明	备注
A 村落面貌	A-1 村落全貌	A-1-1	西岙村全貌	—
		A-1-2	从村西南看西岙村	—
		A-1-3	从村西看西岙村	—
		A-1-4	从南面车岙港水库看西岙村	—
		A-1-5	从村南看西岙	—
		A-1-6	大坑溪源头的白岩山	—
	A-2 村落与 自然关系	A-2-1	村北的大坑溪水库	—
		A-2-2	村南的大坑溪	—
		A-2-3	村中的大坑溪	—
		A-2-4	大坑溪风光	—
		A-2-5	村边的古代水渠	—
		A-2-6	村南的车岙港水库	—
		A-2-7	东坑水库	—
		A-2-8	村西边的古树林	—
		A-2-9	村边的玉米地	—
		A-2-10	村边的花生地	—

续表

分类	分类号	图片编号	说明	备注
A 村落面貌	A-3 村落不同角度的景象	A-3-1	村中的石头屋	—
		A-3-2	老屋遗址	—
		A-3-3	鹅卵石砌的村中老路	—
		A-3-4	鹅卵石砌墙的老屋	—
		A-3-5	村中古代的排水沟	—
		A-3-6	村中老屋散落的石条	—
		A-3-7	大坑溪上的惠德桥	—
		A-3-8	修整后村中的溪坝与休闲亭	—
	A-4 主要街巷、交通道路（古道）	A-4-1	西岙村入口	—
		A-4-2	西岙村村前广场	—
		A-4-3	西岙村村口大道	—
		A-4-4	西岙村上街	—
		A-4-5	西岙通往集福寺大道	—
		A-4-6	西岙村上蒋街入口	—
		A-4-7	西岙村上蒋旧街	—
		A-4-8	西岙村村口古道	—
		A-4-9	西岙村新街	—
		A-4-10	古大街的"平地起突"，古代文官下桥武将下马地	—
		A-4-11	古村大街的北门	—
		A-4-12	古村大街的北门牌楼石柱	—
	A-5 重要公共空间	A-5-1	村里的卫生室	—
		A-5-2	党建园地	—
		A-5-3	避灾安置点	—
		A-5-4	公交西岙村站牌	—
		A-5-5	西岙村电影院	—

续 表

分类	分类号	图片编号	说明	备注
A 村落面貌	A-5 重要公共空间	A-5-6	西岙村公园	—
		A-5-7	西岙村老年活动室	—
		A-5-8	西岙村公园一角	—
		A-5-9	西岙村公园停车站	—
	A-6 自然特色	A-6-1	白岩山风光	—
		A-6-2	车岙港水库	—
		A-6-3	大坑溪与古樟树	—
		A-6-4	村后大坑溪源头一景	—
		A-6-5	白岩山下的田畈	—
B 历史见证	B-1 村落历史见证	B-1-1	集福寺前的千年古柏1	—
		B-1-2	集福寺前的千年古柏2	—
		B-1-3	集福寺前的古樟树	—
		B-1-4	泗洲沙头庙后的古树群	—
		B-1-5	泗洲沙头庙外的古圆柏	—
		B-1-6	泗洲沙头庙后的千年古柏	—
		B-1-7	泗洲沙头庙后的600年柞木	—
		B-1-8	集福寺前的古墓群	—
		B-1-9	祠堂桥侧面	—
		B-1-10	祠堂桥桥面	—
		B-1-11	集福寺远景	—
		B-1-12	集福寺内大殿	—
		B-1-13	集福寺内大殿前的佛柱	—
		B-1-14	集福寺内的雕梁画栋	—
		B-1-15	集福寺内用整个原木雕成的双龙抢珠	—
		B-1-16	集福寺内用整个原木雕成的双龙抢珠的珠	—
		B-1-17	集福寺保存的宋代玉印印背	—
		B-1-18	集福寺保存的宋代玉印印蜕	—

续表

分类	分类号	图片编号	说明	备注
B 历史见证	B-1 村落历史见证	B-1-19	集福寺保存的宋代玉印印面	—
		B-1-20	修复后的集福寺院子	—
		B-1-21	修复后的集福寺外景	—
		B-1-22	集福寺出土的古代柱础石	—
		B-1-23	集福寺的古钟	—
	B-2 家族历史见证	B-2-1	珍藏的《西洲陈氏族谱》	—
		B-2-2	《西洲陈氏族谱》	—
	B-3 文献	B-3-1	简体字本·《宋史》（卷三六五到卷四三二）	—
		B-3-2	宋史卷四百一十四·叶梦鼎传	—
	B-4 其他有年款的遗存	B-4-1	南宋的石狮子	—
		B-4-2	南宋的石香炉	—
		B-4-3	古老的条石	—
		B-4-4	古老的石礤子	—
C 物质文化遗产	C-1 公共遗产	C-1-1	南宋墓道	—
		C-1-2	南宋墓前翁仲	—
		C-1-3	南宋墓前石羊	—
		C-1-4	南宋墓前石马	—
		C-1-5	南宋墓前牌坊柱与墓道	—
		C-1-6	古集福寺遗址	—
		C-1-7	南宋墓前的牌坊石柱	—
		C-1-8	南宋墓前的县级文保石碑	—
		C-1-9	南宋墓前的石阙残件	—
		C-1-10	南宋墓面上的如意云装饰	—
		C-1-11	南宋墓面一角	—
		C-1-12	南宋墓前的石马头	—

续 表

分类	分类号	图片编号	说明	备注
C 物质 文化遗产	C-1 公共遗产	C-1-13	明代古墓	—
		C-1-14	罗汉碾	—
		C-1-15	寺前桥旁的水碓及石碾子的旧址	—
		C-1-16	古井	—
		C-1-17	古石碾	—
		C-1-18	石碾子的底座	—
		C-1-19	石水槽	—
		C-1-20	四姓宗祠	—
		C-1-21	四姓宗祠之圣旨匾	—
		C-1-22	四姓宗祠之四大名宗匾	—
		C-1-23	四姓宗祠之皇恩雨露匾	—
		C-1-24	四姓宗祠之胡公（讳）妫满匾	—
		C-1-25	四姓宗祠之大业鼎盛匾	—
		C-1-26	四姓宗祠之冢宰大宗祠匾	—
		C-1-27	四姓宗祠里的南宋石鼓	—
		C-1-28	四姓宗祠内的牌位	—
		C-1-29	南宋惠德桥	—
		C-1-30	惠德桥及开口狻猊	—
		C-1-31	惠德桥前省级文保石碑	—
		C-1-32	南宋寺前桥	—
		C-1-33	古代留下的过溪步道	—
		C-1-34	惠德桥上的宋代石刻 1	—
		C-1-35	惠德桥上的宋代石刻 2	—
		C-1-36	惠德桥上的宋代石刻 3	—
		C-1-37	惠德桥上的宋代石刻 4	—
		C-1-38	惠德桥上的宋代石刻 5	—

续表

分类	分类号	图片编号	说明	备注
C 物质文化遗产	C-1 公共遗产	C-1-39	惠德桥上的宋代石刻6	—
		C-1-40	水珠岩庙大门	—
		C-1-41	沙头庙大门与门神	—
		C-1-42	叶梦鼎墓（胡陈乡上宅村）	—
	C-2 民居建筑	C-2-1	石闾门及门口的石兽	—
		C-2-2	闾门的石台门	—
		C-2-3	槐荫道地一角	—
		C-2-4	槐荫道地的格子窗	—
		C-2-5	槐荫道地的石窗1	—
		C-2-6	槐荫道地的石窗2	—
		C-2-7	槐荫道地的雕花门	—
		C-2-8	槐荫道地的二楼走廊	—
		C-2-9	槐荫道地的雕梁	—
		C-2-10	槐荫道地的雕梁画栋	—
		C-2-11	槐荫道地的雕梁榫头	—
		C-2-12	槐荫道地的客厅	—
		C-2-13	雕花眠床	—
		C-2-14	窗上的木雕	—
		C-2-15	雕花衣柜	—
		C-2-16	大橱上的木雕龙	—
		C-2-17	木雕书桌	—
		C-2-18	大街道地	—
		C-2-19	大街道地的石台阶	—
		C-2-20	木窗格	—
		C-2-21	木窗门	—

续 表

分类	分类号	图片编号	说明	备注
C 物质文化遗产	C-2 民居建筑	C-2-22	马头墙一角	—
		C-2-23	石头围墙	—
		C-2-24	古老的石墙和石窗	—
		C-2-25	木质楼梯	—
		C-2-26	旧木床	—
		C-2-27	旧灶台	—
		C-2-28	民国时的三弯眠床	—
		C-2-29	清末的衣橱	—
		C-2-30	破落的旧道地	—
		C-2-31	旧道地的石板	—
		C-2-32	老房子的木雕装饰	—
D 非物质文化遗产	D-1 列入名录的非遗	D-1-1	西岙行龙文化节	—
		D-1-2	祭龙仪式	—
		D-1-3	出巡前的青龙1	—
		D-1-4	出巡前的青龙2	—
		D-1-5	出巡前的黄龙1	—
		D-1-6	出巡前的黄龙2	—
		D-1-7	出巡前的双龙	—
		D-1-8	青龙出游	—
		D-1-9	双龙相会在祠堂桥	—
		D-1-10	西岙行龙队	—
		D-1-11	在第五届上海民俗民间文化博览会上表演	—
		D-1-12	正月十八夜抬龙出游1	—
		D-1-13	正月十八夜抬龙出游2	—
		D-1-14	正月十八夜抬龙出游3	—

续表

分类	分类号	图片编号	说明	备注
E 民俗生活	E-1 日常 生活场景	E-1-1	老年活动室里的娱乐	—
		E-1-2	玩麻将的老人	—
		E-1-3	聊天的老人	—
		E-1-4	村民客厅聊家常	—
		E-1-5	村民烧火的柴爿	—
		E-1-6	屋后饲养的鸭子	—
		E-1-7	闲时村民在翻瓦片	—
		E-1-8	石捣臼	—
	E-2 礼俗 生活场景	E-2-1	正月祭祖典礼	—
		E-2-2	正月祭祖宗，村民拜太公	—
	E-3 家居信仰	E-3-1	居民堂前太公棚中敬祖宗	—
		E-3-2	居民堂前太公棚，初一、十五敬神	—
	E-4 交通工具	E-4-1	手拉车	—
		E-4-2	电动三轮车	—
F 生产方式	F-1 日常 生产场景	F-1-1	家庭手工作坊	—
		F-1-2	洋芋地	—
		F-1-3	庭院经济作物	—
		F-1-4	村民在插秧	—
		F-1-5	村民在种田	—
		F-1-6	收割后的稻田	—
		F-1-7	村边的生姜地	—
		F-1-8	村民在休息	—
	F-2 生产工具	F-2-1	棕丝蓑衣	—
		F-2-2	木杆秤	—
		F-2-3	木耙	—

续 表

分类	分类号	图片编号	说明	备注
F 生产方式	F-2 生产工具	F-2-4	手拉车	—
		F-2-5	风车	—
		F-2-6	龙骨水车	—
		F-2-7	蟹插	—
		F-2-8	箌	—
		F-2-9	捕蟹的网笭	—
		F-2-10	鱼篓	—
		F-2-11	捞鱼的网	—
		F-2-12	小型耕田机	—
		F-2-13	废弃的旧磨盘	—
		F-2-14	米背	—
		F-2-15	篮	—
		F-2-16	自制的扫帚	—
		F-2-17	竹椅子	—
		F-2-18	饭篮	—
		F-2-19	羹罩	—
		F-2-20	克篓	—
		F-2-21	畚箕	—
		F-2-22	便桶	—
		F-2-23	串网	—
		F-2-24	网兜	—
G 人物	G-1 村民肖像	G-1-1	聊天的老人	—
		G-1-2	念佛的老人	—
		G-1-3	吃西瓜的老人	—
		G-1-4	祠堂桥前休闲的老人小孩	—
		G-1-5	回家的老人	—

续表

分类	分类号	图片编号	说明	备注
G 人物	G-1 村民肖像	G-1-6	村民陈善根和陈伟利在查阅宗谱	—
		G-1-7	抬龙传人陈万珍	—
	G-2 古代世祖像	G-2-1	西岙远祖胡公像	—
		G-2-2	西岙远祖胡公夫人像	—
		G-2-3	西岙陈氏八世祖陈廷芝像	—
		G-2-4	西岙陈氏十世祖叶梦鼎像	—
		G-2-5	宗谱里的叶梦鼎画像	—
		G-2-6	宗谱里的陈肖娘画像	—
H 现状	H-1 近年来村落的新变化	H-1-1	丞相故里公园牌坊	—
		H-1-2	村中的古樟树与新亭子	—
		H-1-3	公园一角	—
		H-1-4	西岙20世纪90年代住房	—
		H-1-5	西岙村现代新居	—
		H-1-6	修葺一新的故居	—
		H-1-7	大坑溪新景	—
		H-1-8	村民在绿化新家	—
		H-1-9	村民在道地上种花	—
		H-1-10	新修建的集福寺	—
		H-1-11	古村落吸引游客观光	—

A 村落面貌

A-1 村落全貌

A-1-1 西岙村全貌

A-1-2 从村西南看西岙村

A-1-3 从村西看西岙村

A-1-4 从南面车岙港水库看西岙村

A-1-5 从村南看西岙

A-1-6 大坑溪源头的白岩山

A-2　村落与自然关系

A-2-1　村北的大坑溪水库

A-2-2　村南的大坑溪

A-2-3　村中的大坑溪

A 村落面貌　　131

A-2-4　大坑溪风光

A-2-5　村边的古代水渠

A-2-6　村南的车岙港水库

A-2-7 东坑水库

A-2-8 村西边的古树林

A-2-9 村边的玉米地

A-2-10 村边的花生地

A-3　村落不同角度的景象

A-3-1　村中的石头屋

A-3-2　老屋遗址

A-3-3 鹅卵石砌的村中老路

A-3-4 鹅卵石砌墙的老屋

A-3-5 村中古代的排水沟

A-3-6 村中老屋散落的石条

A-3-7 大坑溪上的惠德桥

A-3-8 修整后村中的溪坝与休闲亭

A-4　主要街巷、交通道路（古道）

A-4-1　西岙村入口

A-4-2　西岙村村前广场

A-4-3 西岙村村口大道

A-4-4 西岙村上街

A-4-5 西岙通往集福寺大道

A-4-6 西岙村上蒋街入口

A-4-7 西岙村上蒋旧街

A-4-8 西岙村村口古道

A-4-9 西岙村新街

A-4-10 古大街的"平地起突",古代文官下桥武将下马地

A-4-11 古村大街的北门

A-4-12 古村大街的北门牌楼石柱

A-5 重要公共空间

A-5-1 村里的卫生室

A-5-2 党建园地

A-5-3 避灾安置点

A-5-4 公交西岙村站牌

A-5-5 西岙村电影院

A-5-6 西岙村公园

A-5-7 西岙村老年活动室

A-5-8 西岙村公园一角

A-5-9 西岙村公园停车站

A-6 自然特色

A-6-1 白岩山风光

A-6-2 车岙港水库

A-6-3 大坑溪与古樟树

A-6-4 村后大坑溪源头一景

A-6-5 白岩山下的田畈

B 历史见证

B-1 村落历史见证

B-1-1 集福寺前的千年古柏1

B-1-2 集福寺前的千年古柏2

B-1-3 集福寺前的古樟树

B-1-4 泗洲沙头庙后的古树群

B-1-5 泗洲沙头庙外的古圆柏

B-1-6 泗洲沙头庙后的千年古柏

B-1-7 泗洲沙头庙后的 600 年柞木

B-1-8 集福寺前的古墓群

B-1-9 祠堂桥侧面

B-1-10 祠堂桥桥面

B-1-11 集福寺远景

B-1-12 集福寺内大殿

B-1-13 集福寺内大殿前的佛柱

B-1-14 集福寺内的雕梁画栋

B-1-15 集福寺内用整个原木雕成的双龙抢珠

B-1-16 集福寺内用整个原木雕成的双龙抢珠的珠

B-1-17 集福寺保存的宋代玉印印背

B-1-18 集福寺保存的宋代玉印印蜕

B-1-19 集福寺保存的宋代玉印印面

B-1-20 修复后的集福寺院子

B-1-21 修复后的集福寺外景

B-1-22 集福寺出土的古代柱础石

B-1-23 集福寺的古钟

B-2 家族历史见证

B-2-1 珍藏的《西洲陈氏族谱》

B-2-2 《西洲陈氏族谱》

B-3 文 献

B-3-1 简体字本《宋史》（卷三六五到卷四三二）

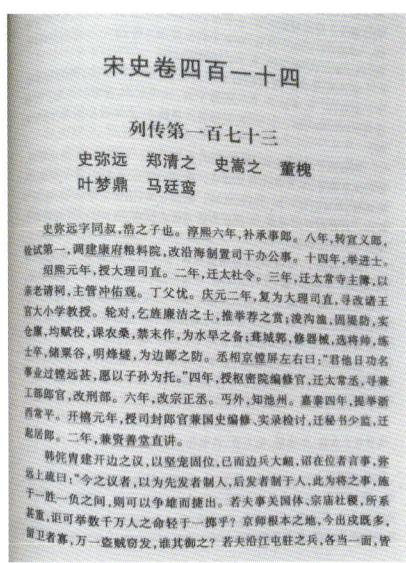

B-3-2 宋史卷四百一十四·叶梦鼎传

B-4 其他有年款的遗存

B-4-1 南宋的石狮子

B-4-2 南宋的石香炉

B-4-3 古老的条石

B-4-4 古老的石磉子

C 物质文化遗产

C-1 公共遗产

C-1-1 南宋墓道

C-1-2 南宋墓前翁仲

C-1-3 南宋墓前石羊

C-1-4 南宋墓前石马

C-1-5 南宋墓前牌坊柱与墓道

C 物质文化遗产　　161

C-1-6　古集福寺遗址

C-1-7　南宋墓前的牌坊石柱

C-1-8　南宋墓前的县级文保石碑

C-1-9 南宋墓前的石阙残件

C-1-10 南宋墓面上的如意云装饰

C-1-11 南宋墓面一角

C-1-12 南宋墓前的石马头

C-1-13 明代古墓

C-1-14 罗汉碾

C-1-15 寺前桥旁的水碓及石碾子的旧址

C-1-16 古井

C-1-17 古石碾

C-1-18 石碾子的底座

C-1-19 石水槽

C-1-20 四姓宗祠

C-1-21 四姓宗祠之圣旨匾

C-1-22 四姓宗祠之四大名宗匾

C-1-23 四姓宗祠之皇恩雨露匾

C-1-24 四姓宗祠之胡公（讳）妫满匾

C-1-25 四姓宗祠之大业鼎盛匾

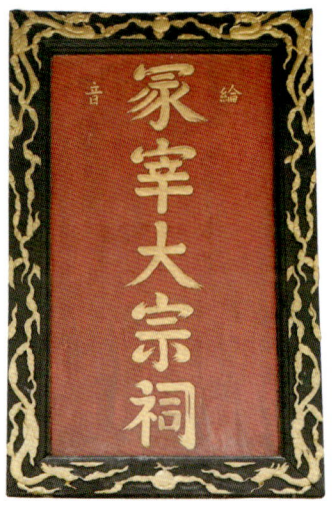

C-1-26 四姓宗祠之冢宰大宗祠匾

C-1-27 四姓宗祠里的南宋石鼓

C-1-28 四姓宗祠内的牌位

C-1-29 南宋惠德桥

C-1-30 惠德桥及开口狻猊

C-1-31 惠德桥前省级文保石碑

C 物质文化遗产　169

C-1-32 南宋寺前桥

C-1-33 古代留下的过溪步道

C-1-34 惠德桥上的宋代石刻 1

C-1-35 惠德桥上的宋代石刻 2

C-1-36 惠德桥上的宋代石刻 3

C 物质文化遗产　171

C-1-38 惠德桥上的宋代石刻 5

C-1-37 惠德桥上的宋代石刻 4

C-1-39 惠德桥上的宋代石刻 6

C-1-40 水珠岩庙大门

C-1-41 沙头庙大门与门神

C-1-42 叶梦鼎墓（胡陈乡上宅村）

C-2　民居建筑

C-2-1　石阊门及门口的石兽

C-2-2　阊门的石台门

C-2-3 槐荫道地一角

C-2-4 槐荫道地的格子窗

C-2-5 槐荫道地的石窗1　　C-2-6 槐荫道地的石窗2

C-2-7 槐荫道地的雕花门

C-2-8 槐荫道地的二楼走廊

C-2-9　槐荫道地的雕梁

C-2-10　槐荫道地的雕梁画栋

C-2-11　槐荫道地的雕梁榫头

C-2-12 槐荫道地的客厅

C-2-13 雕花眠床

C-2-14 窗上的木雕

C-2-15 雕花衣柜

C-2-16 大橱上的木雕龙

C-2-17 木雕书桌

C 物质文化遗产

C-2-18 大街道地

C-2-19 大街道地的石台阶

C-2-20 木窗格

C-2-21 木窗门

C-2-22 马头墙一角

C-2-23 石头围墙

C-2-24 古老的石墙和石窗

C-2-25 木质楼梯

C-2-26 旧木床

C-2-27 旧灶台

C 物质文化遗产

C-2-28 民国时的三弯眠床

C-2-29 清末的衣橱

C-2-30 破落的旧道地

C-2-31 旧道地的石板

C-2-32 老房子的木雕装饰

D 非物质文化遗产

D-1 列入名录的非遗

D-1-1 西岙行龙文化节

D-1-2 祭龙仪式

D-1-3 出巡前的青龙 1

D-1-4 出巡前的青龙 2

D-1-5 出巡前的黄龙 1

D-1-6 出巡前的黄龙 2

D-1-7 出巡前的双龙

D-1-9 双龙相会在祠堂桥

D-1-8 青龙出游

D-1-10 西岙行龙队

D-1-11 在第五届上海民俗民间文化博览会上表演

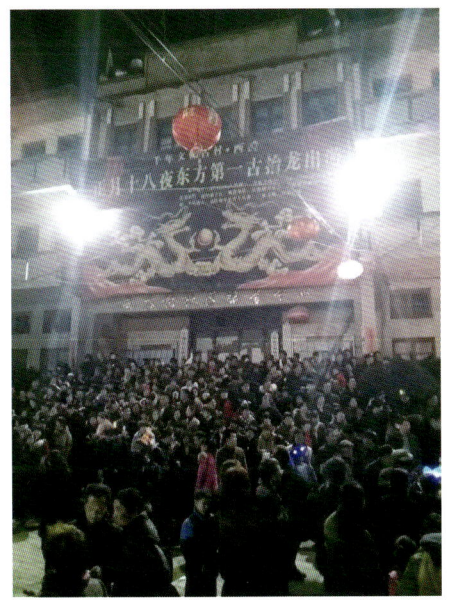

D-1-12 正月十八夜抬龙出游 1

D-1-13 正月十八夜抬龙出游 2

D-1-14 正月十八夜抬龙出游 3

E 民俗生活

E-1 日常生活场景

E-1-1 老年活动室里的娱乐

E-1-2 玩麻将的老人

E-1-3 聊天的老人

E-1-4 村民客厅聊家常

E-1-5 村民烧火的柴爿

E-1-6 屋后饲养的鸭子

E-1-7 闲时村民在翻瓦片

E-1-8 石捣臼

E-2　礼俗生活场景

E-2-1　正月祭祖典礼

E-2-2　正月祭祖宗，村民拜太公

E-3　家居信仰

E-3-1　居民堂前太公棚中敬祖宗

E-3-2　居民堂前太公棚，初一、十五敬神

E-4 交通工具

E-4-1 手拉车

E-4-2 电动三轮车

F 生产方式

F-1 日常生产场景

F-1-1 家庭手工作坊

F-1-2 洋芋地

F-1-3 庭院经济

F-1-4 村民在插秧

F-1-5 村民在种田

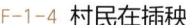

F-1-6 收割后的稻田

F-1-7 村边的生姜地

F-1-8 村民在休息

F-2　生产工具

F-2-1　棕丝蓑衣

F-2-2　木杆秤

F-2-3　木耙

F-2-4 手拉车

F-2-5 风车

F-2-6 龙骨水车

F-2-7 蟹插

F-2-8 筻

F-2-9 捕蟹的网箩

F-2-10 鱼篓

F-2-11 捞鱼的网

F-2-12 小型耕田机

F-2-13 废弃的旧磨盘

F-2-14 米背

F-2-15 篮

F-2-16 自制的扫帚

F-2-17 竹椅子

F-2-18 饭篮

F-2-19 羹罩

F-2-20 克篓

F-2-21 畚箕

F-2-22 便桶

F-2-23 串网

F-2-24 网兜

G 人物

G-1 村民肖像

G-1-1 聊天的老人

G-1-2 念佛的老人

G-1-3 吃西瓜的老人

G-1-4 祠堂桥前休闲的老人小孩

G-1-5 回家的老人

G-1-6 村民陈善根和陈伟利在查阅宗谱

G-1-7 抬龙传人陈万珍

G-2　古代世祖像

G-2-1　西岙远祖胡公像

G-2-2　西岙远祖胡公夫人像

G-2-3　西岙陈氏八世祖陈廷芝像

G-2-4　西岙陈氏十世祖叶梦鼎像

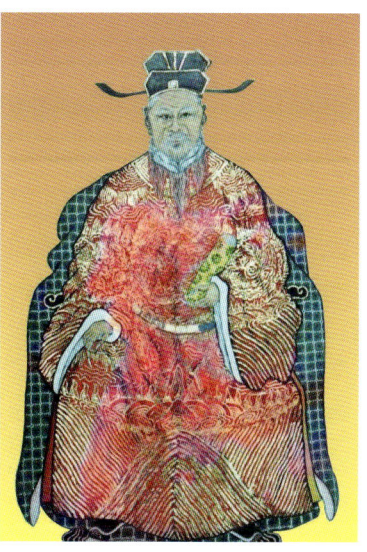

G-2-5　宗谱里的叶梦鼎画像

G-2-6　宗谱里的陈肖娘画像

H 现状

H-1 近年来村落的新变化

H-1-1 丞相故里公园牌坊

H-1-2 村中的古樟树与新亭子

H-1-3 公园一角

H-1-4 西岙 20 世纪 90 年代住房

H-1-5 西岙村现代新居

H-1-6 修葺一新的故居

H-1-7 大坑溪新景

H-1-8 村民在绿化新家

H-1-9 村民在道地上种花

H-1-10 新修建的集福寺

H-1-11 古村落吸引游客观光

附录 国家级传统村落西岙村立档调查人员名录

负 责 人	孙常钊（56岁，大学学历，宁海县柔石中学）
	陈万甫（67岁，初中学历，西岙村书记）
采访调查人	孙常钊　戴余金
受访讲述人	陈万甫（67岁，初中学历，西岙村书记）
	陈万珍（70岁，初中学历，西岙村原书记）
	陈伟利（44岁，大学学历，一市初中校长）
摄　　影	戴余金　陈链杰
编　　校	孙常钊　戴余金
采录时间	2015年9月至2018年5月
资料提供人	田　旭：《长街文化》《水族漫话》《长街镇志》
	陈万甫：《千年西岙》DVD、《西岙古村基本情况》
	陈善根：《西洲陈氏族谱》
	陈善木：《西岙古村》
	陈高翔：《宁海县长街镇西岙古村落规划》